Basileios Antniads

Die Staatslehre des Thomas ab Aquino

Basileios Antniads

Die Staatslehre des Thomas ab Aquino

ISBN/EAN: 9783743318342

Hergestellt in Europa, USA, Kanada, Australien, Japan

Cover: Foto ©Suzi / pixelio.de

Manufactured and distributed by brebook publishing software
(www.brebook.com)

Basileios Antniads

Die Staatslehre des Thomas ab Aquino

Inhalt.

Die Staatslehre des Thomas ab Aquino.

Einleitung.

Die vorliegende Arbeit ist der erste, neubearbeitete[1]) und von der philosophischen Facultät der Universität Leipzig approbirte Theil einer im Jahre 1881 bei der akademischen Preisvertheilung der Universität Heidelberg gekrönten Preisschrift. Wenn ich sie jetzt nach neun Jahren der Oeffentlichkeit übergebe, so geschieht dies darum, weil die wichtigsten sowohl praktischen als wissenschaftlichen Gründe, die mich damals zu einer eingehenden monographischen Darstellung der thomistischen Staatslehre bewegten, auch heut zu Tage ihre Bedeutung nicht verloren haben. Von jeher nämlich wurde der Engel der Schule von der katholischen Kirche als eine Auktopität nicht bloss in theologischen und philosophischen, sondern auch in politischen Fragen angesehen. Diesen Punkt hat schon Baumann im Jahre 1873 in der Vorrede und der Einleitung seiner Abhandlung über die Staatslehre unseres Theologen[2]) ausführlich behandelt. Selbst die jüngste durch Leo XIII eingeleitete mässigere Politik des Vaticans dient zur Bestätigung dieser Ansicht. Wir können sogar behaupten, dass die bekannte persönliche Vorliebe des jetzigen Papstes für Thomas von Aquino auch in dieser Hinsicht nicht ohne Einfluss geblieben ist. Eine im Jahre 1881 nach der Ermordung des russischen Kaisers erlassene Encyclica Leo's XIII, welche, die Attentate zum Ausgangspunkt der Betrachtung nehmend, das Verhältniss des Volkes zu seinem

---

[1]) Was diese Arbeit von dem ersten Entwurf insbesondere unterscheidet, ist die Hinzufügung eines ganzen Abschnitts (§§ 18—34). Diese wie die übrigen mehr oder weniger erheblichen Zusätze und Aenderungen sind mit einem Sternchen versehen.

[2]) „Die Staatslehre des heiligen Thomas von Aquino, des grössten Theologen etc." Leipzig 1873.

1

Fürsten besprach, hat ihre Betrachtungen lediglich aus thomistischen (gleichviel ob klaren oder trüben) Quellen geschöpft. Mancher, dem diese Quelle ganz unbekannt ist, hat geglaubt und behauptet, Leo XIII habe in seiner Encyclica eine neue Theorie von der Quelle der weltlichen Obrigkeit verkündet. Die Theorie wie die Quelle ist eine alte; man hat nur neu daraus geschöpft.

Der andere noch wichtigere wissenschaftliche Grund ist die Natur der uns zu Gebote stehenden Litteratur darüber. Von neuen Arbeiten habe ich zu nennen nur die kleine lichtvolle Abhandlung von R. Euken „die Philosophie des Thomas von Aquino und die Kultur der Neuzeit", worin auch die Staatslehre des Thomas zur Sprache kommt (S. 38 ff.). Wegen persönlicher Umstände wird mir wohl Manches, auf diesem Gebiet in der letzten Zeit erschienenes, entgangen sein, was ich auch jetzt zu ermitteln nicht im Stande bin. Was aber die ältere Litteratur anbelangt, so hat Baumann vollkommen Recht, wenn er von den bis vor ihm hier und da darüber geschriebenen und ihm zugänglichen, grossentheils deutschen Aufsätzen sagt, sie „seien unzulänglich und entbehren zum Theil der historischen Kritik".[3]) Allerdings ist ihm nicht bekannt Feugueray's sehr beachtenswerthe Abhandlung über die thomistische Staatslehre,[4]) welche man weder als ganz unzulänglich, noch als der historischen Kritik entbehrend bezeichnen kann. Dasselbe gilt von dem kleinen, Baumann ebenfalls unbekannt gebliebenen Bilde, welches Ch. Jourdain in seinem gediegenen Werke über die Philosophie des h. Thomas von der Staatslehre desselben entwirft.[5]) Jourdain's Bild ist - treu, aber leider zu klein. Dagegen lässt Feugueray's Bild an der Grösse nichts zu wünschen übrig, wohl aber Etwas an der Aehnlichkeit. Dies kommt davon her, weil auch Feugueray

---

[3]) Im Vorwort seiner schon erwähnten Monographie.
[4]) Essai sur les doctrines politiques de St. Thomas d'Aquin, par H. R. Feugueray, précédé d'une notice etc. Paris 1857.
[5]) Ch. Jourdain, la philosophie de St. Thomas d'Aquin etc. Paris 1858.

zu glauben scheint, man dürfe, wegen der grossen Aehnlichkeit der zwei Bilder, die wir bei Thomas von der Staatslehre haben, das eine für das andere nehmen. Allein das
Bild, welches uns in dem thomistischen „Commentar zu
Aristoteles' Politik" entgegentritt, repräsentirt nicht die
thomistische Lehre. Hier versucht er, um uns so auszu-
drücken, nicht sein eigenes Bild, sondern ein Abbild
des Aristoteles zu entwerfen. Wenn wir das ächte Portrait
des Thomas selbst sehen wollen, so müssen wir nicht den
Commentar zur Politik, sondern die andere ächt thomistische Sammlung besuchen. Wohl ist Aristoteles sein Vater,
und der Sohn sieht dem Vater sehr ähnlich; aber gerade
diese verführerische Aehnlichkeit hätte die grösste Umsicht
erheischen sollen, damit man den Sohn mit dem Vater nicht
verwechsle. Diese Täuschung und Verwechselung beschränkt
sich bei Feugueray nur auf einige Züge. Baumann dagegen
macht keinen Unterschied zwischen dem Vater und dem
Sohn; er will nicht die Charakterzüge des Einen von denen
des Andern, die einseitige theoretische Richtung des Thomas
von der harmonischen Mischung der Theorie mit der
Erfahrung bei Aristoteles unterscheiden, (S. 7). Er weiss
wohl, dass dem Sohn nicht vergönnt war, sich zu entwickeln;
aber er scheint vorauszusehen, dass der Sohn so gross sein
und so aussehen würde, wie der Vater, wenn er sich entwickelt und die Grösse dieses erreicht hätte. Aus diesem
Grunde und dem Streben, seine Abhandlung so vollständig
wie möglich zu machen, wirft er eine Reihe von politischen
Fragen auf, von denen die meisten in den übrigen thomistischen Schriften unberührt bleiben, um sie nach dem Commentar zur Politik zu beantworten. Die Vollständigkeit
des Baumann'schen Werkes ist allerdings einer der an-
erkennenswerthen Vorzüge dieser Arbeit vor allen in
Deutschland darüber geschriebenen und uns zugänglichen
Aufsätzen; auch können seine Gründe für die Benutzung
des Commentars zur Politik (S. 103 ff.) bis auf einen gewissen Grad richtig sein. Dass man aber aus jenen einzelnen

Fällen keine Regel, kein Princip machen darf, zeigt der Umstand, dass manche Fragen, gerade die wichtigsten unter denen, welche Baumann nach dem Commentar beantwortet, in anderen Schriften des Thomas eine verschiedene Lösung finden, als in jenen. Dieser Umstand bleibt natürlich nicht allein Baumann, sondern auch allen denen unbekannt, welche kein Bedenken tragen, aus dem Commentar, als einer authentischen Quelle der thomistischen Lehre zu schöpfen. Uebrigens hat sich Baumann nicht vorgenommen, die Staatslehre des Thomas systematisch darzustellen, sondern er giebt uns, seinem eigenen Ausdrucke nach, „wörtliche Uebersetzungen,[6]) oder wörtliche Auszüge aus den thomistischen Schriften" (S. 5). Damit hängt der andere Vorzug seiner Abhandlung zusammen, dass sie im Ganzen die thomistischen Ansichten treu wiedergiebt.[7])

Was unsere Quellen anbelangt, so tritt uns hier dieselbe Schwierigkeit entgegen, wie fast bei allen angesehenen und einflussreichen Schriftstellern. Die Pseudopigrapha machen den Boden unsicher, und man hat vor allem diesen festzustellen. Dass die aus sieben Büchern bestehende und auf thomistischen Ursprung Anspruch machende Schrift über die Erziehung der Fürsten, de eruditione Principum, kein ächtes Werk des Thomas ist, braucht kaum erwähnt zu werden.[8]) Ebenso leidet keinen Zweifel, dass auch

---

[6]) Er scheint die alte deutsche Uebersetzung der zwei ersten Bücher des Fürstenregiments nicht gekannt zu haben; sie hat den Titel: „des heiligen Thomas von Aquino wahre Staatslehre, oder zwei Bücher von der Herrschaft der Fürsten an den König von Cypern, aus dem Lateinischen übersetzt." Augsburg 1772.

[7]) Die zwei Arbeiten von H. Contzen: 1) „Thomas von Aquino als volkswirthschaftlicher Schriftsteller" und 2) „Zur Würdigung des Mittelalters mit besonderem Bezug auf die Staatslehre des h. Thomas von Aquino" konnte ich auch diesmal nicht benutzen. Ich habe mich bemüht, dergleichen Mängel durchs Quellenstudium einigermassen zu ersetzen.

[8]) Vergl. Dissertatio. XXII cap. IV von Bernardi de Rubeis (1750), nachgedruckt im ersten Bande (S. CCLVIII) der in Rom unter Leo's XIII Auspicien seit 1882 erscheinenden Ausgabe der gesammten Werke des Thomas.

die aus vier Büchern bestehende Schrift, das **Fürstenregiment**, de regimine Principum, in ihrer gegenwärtigen Gestalt, unmöglich von Thomas herrühren kann.

Nach den darüber abschliessenden Untersuchungen von Bernardi de Rubeis,[9]) dessen Ansicht unter Anderen auch Feugueray, Ch. Jourdain und Baumann sich anschliessen, brauchen wir kaum auf kritische Untersuchungen einzugehen. Aus inneren Gründen, wie aus äusseren und handschriftlichen Zeugnissen, geht hervor, dass nur das erste Buch und einige wenige, die vier ersten Capitel des zweiten Buches, als Thomas Werk angesehen werden können.[10]) Aecht.

---

[9]) Vergl. ebendas. Dissertatio XXII, capp. I—III.

* [10]) In Betreff der übrigen Capitel des zweiten Buchs schreibt de Rubeis (ibid. c. I): Partem reliquam libri secundi complevisse Ptolemaeum Lucensem, idque egisse ipsum ex Thomae Aquinatis schedis veri simillimum est. Es wird in der That genügend bezeugt, dass Ptolemaeus von Lucca die unvollendet gebliebene Schrift des Thomas vollendet hat; ob aber aus den Papieren des Magisters selbst, ist sehr fraglich. In den letzten Capiteln des ersten Buches, und zwar im cap. 15, hat Thomas summarisch und bestimmt die Punkte angedeutet, die er im einzelnen weiter anzuführen im Sinne hatte. Diese Punkte sind: 1) die Einrichtung, 2) die Erhaltung und 3) die Förderung des Gemeinwohls. Für jene macht er dem Regenten zur Aufgabe: erstens die Sorge für die Bewirkung und Erhaltung der Eintracht unter den Bürgern, zweitens die Aufsicht über den Lebenswandel derselben, und drittens die Wirthschafts- und Finanzpflege. Für die Erhaltung des Staatswohls verlangt er ebenso dreierlei: die sorgfältige Besetzung der Aemter, die Justiz- und Rechtspflege und die Kriegsbereitschaft. All diesem geht natürlich voran was bei der erstmaligen Errichtung eines Staates oder einer Stadt zu beachten ist (vergl. capp. 13—14). Ein Schriftsteller, wie Thomas, dem die logische Eintheilung und Gliederung der Gedanken so wichtig ist, musste bei der Ausführung des entworfenen Planes der Reihe nach behandeln was zu einem jeden der angegebenen Staatsbedürfnisse erforderlich ist. Und in der That verfährt er so in dem zweifelsohne ächten Theile des 2. Buches, indem er zuerst von der Errichtung des Staats spricht (vergl. das Ende des ersten und den Anfang des zweiten Buches: haec igitur sunt quae ad regis officium pertinent, de quibus per singula diligentius tractare oportet Primum igitur praecipue oportet exponere regis officium ab institutione civitatis aut regni). Mit dem zweifelhaften (von cap. 5 an) Theile fängt

aber unerheblich ist das opusculum de Regimine Judaeorum ad Ducissam Brabantiae, oder wie es anders, dem Inhalte nach richtiger, aufgeführt wird, „determinatio quorundam casuum ad Comitissam Flandriae.“[11]) Unächt dagegen sind die opuscula „de emptione et venditione ad tempus“ und „de usuris in communi et de usurarum contractibus“.[12]) Was das andere politische Hauptwerk des Aquinaten, den Commentar zu Aristoteles' Politik (expositio in octo libros politicorum Aristotelis) betrifft, so wird die Aechtheit auch dieser Schrift im ganzen nicht zugegeben, indem man den Commentar zu den 4 oder 5 letzten Büchern der Politik seinem Schüler, Peter von Auvergne, zuschreibt.[12]) Wenn wir es nur mit inneren Gründen zu thun hätten, so

die Unordnung an. Fürs erste werden wichtige Punkte, wie die Aufrechterhaltung des inneren Friedens und die sittenpolizeiliche Aufgabe des Königs ganz übersprungen; dann wird die Wirthschafts- und Finanzpflege (capp. 5—7) durch die Einschiebung verschiedenartiger Fragen (Minister und Beamten, cc. 8—10, öffentliche Bauten, cc. 11—12) in zwei getheilt (c. 13 über das Münzwesen, was schon im cap. 7 berührt wurde); darauf folgen drei Kapitel über Masse und Gewichte (14), über Armenpflege (15), über Cultus (16). Es ist ersichtlich, dass hier von dem ursprünglichen Plane wenig zu finden ist. Ich bin desshalb geneigt anzunehmen, dass der Herausgeber, sei es Ptolemaeus von Lucca oder ein Anderer, nicht aus Thomas' Aufzeichnungen, sondern zum grössten Theil aus dem Commentar zur Politik nach eigenem Ermessen, ohne Einsicht in des Verfassers Gedankengang, das unvollendet gebliebene Buch vollenden zu müssen, und vielleicht vollendet zu haben glaubte. Dass wir es hier nicht mit thomistischen Ansichten zu thun haben, zeigt u. A. der Umstand, dass die im Capitel 10 ausgesprochene Ansicht von der Sklaverei zwar die im Commentar angegebene, nicht aber, wie wir es an geeigneter Stelle sehen werden, die ächt thomistische ist. Dass die zwei letzten Bücher unmöglich von demselben Schriftsteller zur Vollendung des ganzen Werks hinzugefügt werden können, wird mit Recht von de Rubeis behauptet.

[11]) Vergl. de Rubeis ebendaselbst Dissertatio XXII cap. IV.

[12]) Vergl. denselben ebendaselbst Dissertatio XX capp. IV und V.

[13]) Vergl. Ch. Jourdain im obengenannten Werke I. Band, S. 88 ff. und die Zeitschrift „der Katholik“ Art. „Aristoteles und sein Commentator Thomas von Aquino“ Jahr 1864, I, S. 9.

würden wir kaum an die Aechtheit des Werks als eines
ganzen zweifeln können. Die gleiche Methode und die gleiche
Betrachtungsweise geht durch den ganzen Commentar hin-
durch. Nur äussere Zeugnisse sind es, welche die Abfassung
der ganzen Schrift dem Thomas bestimmt absprechen. Deshalb scheint mir Jourdain's Vermuthung nicht ganz unhalt-
bar zu sein, Peter von Auvergne habe wahrscheinlich die
letzten 4 oder 5 Bücher des Commentars aus den hinter-
lassenen Aufzeichnungen seines Lehrers zusammenzuschie-
ben.[14]) Wir können daher den ganzen Commentar als ein
ächt thomistisches Werk betrachten, und wenn wir ihn,
wegen der oben auseinandergesetzten Gründe, als eine
Quelle nicht benutzen dürfen, so können wir ihn doch
als ein ergänzendes und erläuterndes Hülfsmittel zu Rathe
ziehen, besonders da, wo Thomas über einen Punkt
unabhängig von Aristoteles sich ausbreitet, oder
auch von ihm abweicht. Ausser diesen eigentlich politischen Schriften haben wir unter seinen zahlreichen authentischen Werken noch andere Quellen seiner Staatslehre, insbesondere über das Verhältniss des Staates zur Kirche.
Darunter nimmt den ersten Platz die Summa Theologiae
ein. Weniger bedeutend für unseren Zweck ist die Summa
contra gentiles, und noch weniger seine Commentare zu
Aristoteles' Ethik, zu des heiligen Paulus Episteln etc., deren
wir seiner Zeit erwähnen werden.

Dass wir dabei mit unseren Citaten nicht sparsam
umgehen, hat keineswegs den Zweck zu zeigen, wie quellen-
mässig unsere Arbeit ist; dies würde man auch ohne solche
bemerken können. Die Erfahrung, die wir selbst gemacht
haben, wie schwer diese Quellen in einer Bibliothek alle
zusammenzufinden sind, diese Erfahrung ist es, die uns vor
Allem dazu bestimmt. Im übrigen geht es unseres Er-
achtens mit der Darstellung einer Lehre gerade so, wie mit
der Beschreibung eines Bildes. Wie man auch durch die

---

[14]) Ebendaselbst.

genaueste Beschreibung nicht in den Stand gesetzt wird, ein Gemälde sich so vorzustellen, wie es wirklich ist, so lange man das Bild selbst nicht vor Augen hat, so kann man auch durch die sorgfältigste Darstellung einer Lehre keine genaue Idee davon gewinnen, wie der Schriftsteller selbst fühlt und denkt, so lange man seine eigenen Worte nicht hört. Als Hülfsmittel zum Verständniss des Originalbildes ist eine gute Beschreibung viel werth, sowie eine gute Darstellung für das Verständniss der Lehre und Denkweise eines Schriftstellers. Dazu hat es uns an Fleiss und Mühe nicht gefehlt; ob auch das Ergebniss einigermassen der Mühe entspricht, eruditorum ostendet sententia.

* § 1. Eintheilung der thomistischen Staatslehre.

Da unsere eigentlichen Quellen nach den in der Einleitung über die Aechtheit und Beschaffenheit derselben vorausgeschickten Bemerkungen zu sporadisch und fragmentarisch sind, um uns eine einheitliche, von dem Autor selbst herrührende und seine ganze politische Lehre umfassende Eintheilung und Anordnung derselben zu geben, so glauben wir unseren Stoff am besten anzuordnen, wenn wir, nach der dem thomistischen Systeme zu Grunde liegenden Unterscheidung zwischen Natur und Gnade, den Staat erst als menschliche Institution an und für sich, und zweitens in seinem Verhältniss zu der göttlichen Institution, der Kirche, betrachten. Was das letztere betrifft, so sind wir fast lediglich auf die Summa Theologiae angewiesen. Dagegen, für den Staat an und für sich ist unsere Hauptquelle das Fürstenregiment. Darin wollte Thomas, wie er selbst in der Einleitung angiebt, genau auseinandersetzen den Ursprung der Königsherrschaft und das Amtsgeschäft des Königs, und zwar nach den Bestimmungen der Heiligen Schrift, den Lehrsätzen der Philosophen und den Beispielen belobter Fürsten.[1] Diesem Plane gemäss behandelte er zuerst die Nothwendigkeit, den Vorzug und die Vortheile des Königthums sowohl für die Regierten als für den Regierenden (I. capp. 1—11), und dann das Amt und die Aufgabe des

---

[1] Cogitandi mihi quid offerrem regiae celsitudini dignum . . . . id occurrit . . . ut regi librum de regno conscriberem, in quo et regni originem et ea quae ad regis officium pertinent, secundum scripturae divinae auctoritatem, philosophorum dogma et exempla laudatorum principum diligenter depromerem.

Königs [2]) in Gemässheit des Zweckes und der verschiedenen
Bedürfnisse des staatlichen Lebens (I. capp. 12—15). Der
Theil der Schrift, welcher die hier (vergl. besond. cap. 15)
summarisch angedeuteten und auf die Einrichtung, Erhaltung und Förderung des Gemeinwohls bezüglichen Punkte
im einzelnen ausführlich erörtern sollte, ist, wie schon bemerkt,) unvollendet geblieben. Trotz dieser Mangelhaftig-
keit des Werks können wir die darin befolgte Eintheilung
nach dem origo regni et officium regis insofern verwenden,
als wir bei der Besprechung des Staates an und für sich
erst die Entstehung und die Verfassung, und dann die
Leitung und Verwaltung desselben ins Auge fassen. So ergiebt sich für unsere Darstellung die folgende Eintheilung:

I. Der Staat an und für sich,
und zwar
a) in seinem Entstehen,
b) in seiner Leitung,
und
II. Der Staat in seinem Verhältnisse zur Kirche.

---

[2]) I, 11: De rege autem quid sit, et quod expediat multitudini
regem habere, adhuc autem quod praesidi expediat se regem multitudini
exhibere subjectae, non tyrannum, tanta a nobis dicta sint (und gleich
im cap. 12). Consequens autem ex dictis est considerare quid sit regis
officium etc.

I. a. Die Entstehung des Staates.

§ 2. Die Nothwendigkeit des Staates.

Die Fragen, welche Thomas im Fürstenregimente bei der Erörterung des Ursprungs des Königthums in Betrachtung nimmt, beziehen sich auf die Nothwendigkeit der bürgerlichen Gesellschaft, auf die Verfassung des Staates und auf die Vortheile der Königsherrschaft sowohl für die Unterthanen als für den Herrscher selbst. Den Zweck des staatlichen Lebens berührt er zwar im ersten Theile, aber ausführlicher behandelt er ihn erst im Zusammenhang mit dem Beruf des Königs. Indessen halten wir es für angemessener, auch diese Frage schon in diesem Theile zu erledigen. Was nun zuerst die Nothwendigkeit der bürgerlichen Gesellschaft, also auch der staatlichen, anbelangt, so kommt sie nur mittelbar zur Sprache, indem die Bedeutung und Nothwendigkeit der königlichen Gewalt so bewiesen wird, dass wo Viele in Gesellschaft mit einander leben, da auch Etwas sein müsse, wodurch sie zu einem gemeinsamen Ziele geleitet werden.[1]) Nun aber sind die Menschen von Natur auf gemeinsames Leben angewiesen: der Mensch ist ein soziales und politisches Wesen.[2])

---

[1]) Fürstenreg. I, 1: Principium autem intentionis nostrae hinc sumere oportet, ut, quid nomine regis intelligendum sit, exponatur. In omnibus autem, quae ad finem aliquem ordinantur, in quibus contingit sic et aliter procedere, opus est aliquo dirigente, per quod directe debitum perveniatur ad finem.

[2]) Ebendas.: Si quidem homini conveniret singulariter vivere, sicut multis animalium, nullo alio dirigente indigeret ad finem, sed ipse sibi unusquisque esset rex, sub deo summo rege, in quantum per lumen rationis, divinitus datum sibi, in suis actibus se ipsum dirigeret. Naturale autem est homini ut sit animal sociale et politicum in multitudine vivens, magis etiam quam omnia alia animalia, quod quidem naturalis necessitas declarat.

So kommt Thomas zu unserer Frage und beweist, wie die
Nothwendigkeit der Staatenbildung in der Menschennatur
selbst wurzelt. Diese Naturnothwendigkeit besteht zuerst
darin, dass die Menschen so geschaffen und beschaffen sind,
dass sie wegen ihrer vielerlei Bedürfnisse nicht einzeln,
sondern in Gesellschaft mit Vielen leben müssen, um einander
helfen zu können. Während nämlich die Thiere von Natur
Alles haben, was zu ihrer Existenz nothwendig ist, kommt
der Mensch in die Welt mit nichts anderem als mit Vernunft ausgerüstet, um sich vermöge derselben durch seine
Hände Alles zu bereiten, was jene von Natur haben. Dies
aber kann der Einzelne nie erreichen. Ferner haben die
anderen Wesen einen natürlichen Sinn für Alles, was ihnen
nützlich oder schädlich ist, während der Mensch nur im
Allgemeinen eine natürliche Erkenntniss davon hat, was zu
seinem Leben nothwendig ist, da er vermöge seiner Vernunft im Stande ist, aus den allgemeinen Principien zur
Kenntniss der einzelnen Dinge zu kommen; und da ein
Einzelner unmöglich dies Alles erreichen kann, so ist es
nothwendig, dass die Menschen in Gesellschaft leben, damit
sie, jeder mit einer Erfindung sich abgebend, einander Hülfe
leisten können.[3]) Dazu kommt, dass nur der Mensch durch
die Sprache seine Vorstellungen den Anderen vollständig
mitzutheilen vermag, während die übrigen lebenden Wesen

---

[3]) Fürstenreg. I, 1: Aliis enim animalibus natura praeparavit cibum,
tegumenta pilorum, defensionem .... Homo autem institutus est nullo
horum sibi a natura praeparato, sed loco omnium data est ei ratio, per
quam sibi haec omnia officio manuum posset praeparare; ad quae omnia
praeparanda unus homo non sufficit .... Amplius aliis animalibus in-
sita naturalis industria ad omnia ea, quae sunt eis utilia vel noxia ...
Homo autem horum, quae sunt suae vitae necessaria, naturalem cognitionem habet solum in communi, quasi eo per rationem valente ex univer-
salibus principiis ad cognitionem singulorum, quae necessaria sunt humanae vitae, pervenire. Non est autem possibile quod unus homo ad
omnia haec per suam rationem pertingat. Est igitur necessarium homini
quod in multitudine vivat, ut unus ab alio adjuvetur, et diversi diversis in-
veniendis per rationem occupentur etc. Vergl. Comm. z. Pol. libr. 3. lect. 5, d.

ihre Zustände und Affekte nur im Allgemeinen unter-
einander ausdrücken.[4]) Wenn wir danach in den vielerlei
Bedürfnissen des Menschen eine äussere Veranlassung zum
gesellschaftlichen Leben haben, so finden wir in der Sprach-
fähigkeit desselben einen inneren Trieb dazu, den Trieb,
seine Conceptionen Anderen mitzutheilen.[5]) Wie tief dem
Thomas der Gesellschaftstrieb in der Menschennatur wurzelt,
beweist seine Ansicht, dass es auch im Stande der Unschuld ein gesellschaftliches Leben mit dem jeder Gesellschaft unentbehrlichen Unterschied von Leitenden und Ge-
leiteten geben würde,[6]) und dass von diesem allgemeinen
Gesetze nur diejenigen frei sein können, welche entweder
schlechter oder vollkommener, als die anderen Menschen
sind.[7])

---

[4]) Ebendas.: Hoc etiam evidentissime declaratur per hoc, quod est
proprium hominis locutione uti, per quam unus homo aliis suum conceptum totaliter potest exprimere. Alia quidem animalia ex-
primunt mutuo passiones suas in communi .... Magis igitur
homo est communicativus alteri, quam quodcumque aliud animal etc.
Vergl. Comm. z. Pol. lib. I. lect. 1, u.

[5]) Demnach ist ihm die aristotelische Annahme nicht fremd, dass
der Mensch, auch abgesehen von jener Bedürftigkeit, als solcher sei und
bleibe ein sociales Wesen: homo naturaliter est animal civile, et ideo
homines appetunt ad invicem vivere et non esse solitarii, etiamsi in nullo
unus alio indigeret ad hoc, quod ducerent vitam socialem (Comm. z. Pol.
lib. 3. lectio 5, d.).

[6]) Summ. Theol. 1ᵃ· quaest. 96, arti. 4 (wo er auf die Frage:
utrum homo in statu innocentiae homini dominabatur, antwortend sagt)
tale dominium (sc. quo dominatur aliquis alteri ut libero) hominis ad
hominem in statu innocentiae fuisset propter duo: primo quia homo
naturaliter est animal sociale; socialis autem vita multorum esse
non potest, nisi aliquis praesideret, qui ad bonum commune intenderet;
multi enim per se intendunt ad multa, unus vero ad unum. Et ideo etc.

[7]) Comm. z. Pol. lib. I. lect. 1, t. Si aliquis homo habeat quod
non sit civilis propter naturam, aut nequam est, ut cum hoc contingit
ex corruptione naturae humanae, aut est melior quam homo, in quantum
sc. habet naturam perfectiorem aliis hominibus communiter, ita quod per
se sibi possit sufficere absque hominum societate, sicut fuit in Joanne
Baptista et beato Antonio heremita.

§ 3. Der Zweck des Staates.

Den Staatszweck bespricht das Fürstenregiment ebenfalls mittelbar, in der Behandlung der Frage, wie der König den Staat am besten regieren kann (I. 14. 15). Doch liesse sich auf Grund dieser Auseinandersetzung ein vollständiges Bild von der thomistischen Ansicht darüber gewinnen, auch wenn man die zahlreichen Belege aus seinen sonstigen Werken nicht zu Rathe ziehen wollte. Die Besprechung der ersten Frage hat uns schon gezeigt, wie nach Thomas die Gesellschaft ursprünglich aus der Bedürftigkeit der Menschen entsteht, indem diese für den Schutz und die Förderung des physischen Daseins sich zum gesellschaftlichen Leben vereinigen. Demnach ist der nächste Zweck der staatlichen Gesellschaft nichts anderes, als die Fürsorge für das zeitliche Dasein, für die Bedürfnisse des Lebens. Damit aber lässt sich der Zweck des Staates keineswegs erschöpfen. Wäre dies der Fall, so würde Alles, was am Leben Theil hat, auch am Staate Theil haben; nun aber nehmen Sklaven und Thiere Theil am Leben, ohne auch am Staate Theil zu nehmen. Vielmehr hat dieser Zweck die Bedeutung eines (wohl unentbehrlichen) Hülfsmittels zu einem höheren Zweck, zum bene vivere, welches hauptsächlich in der Tugend, in der tugendhaften Lebensführung besteht.[1]) Das Ziel nämlich der staatlichen Gesellschaft ist das gleiche wie das der einzelnen Menschen; so haben die Philosophen die Aufgabe des Staates immer

---

[1]) Fürstenreg. I. 14: Videtur ultimus finis esse multitudinis congregatae vivere secundum virtutem. Ad hoc enim homines congregantur, ut simul bene vivant, quod consequi non posset unusquisque singulariter vivens. Bona autem vita est secundum virtutem. Virtuosa igitur vita est congregationis humanae finis. Hujus autem signum est quod hi soli partes sunt multitudinis congregatae, qui sibi- invicem communicant in bene vivendo. Si enim propter solum vivere homines convenirent, animalia et servi essent pars aliqua congregationis civilis. Vergl. die unten im § 4, Anm. 1 angeführte Stelle des Cap. 15, und Comm. z. Polit. lib. III. lect. 7. f. o.

nach dem bestimmt, was sie für das wahre Ziel des
Menschen hielten. [2]) Das Ziel aber, wonach die Menschen
streben, ist nichts anderes, als die Glückseligkeit. Es
giebt eine doppelte Glückseligkeit, eine vollkommene,
übernatürliche, jenseitige, welche in visione oder contemplatione dei besteht, und die der Mensch durch seine
eigene Kraft nie zu erreichen vermag, und eine unvollkommene, natürliche, wie sie im gegenwärtigen Leben
möglich ist. [3]) Während die Erreichung der vollkommenen
Glückseligkeit der Zweck der Kirche ist, wie wir es tiefer
unten werden näher kennen lernen, bildet die unvollkommene das Ziel des Menschen und der menschlichen Gesellschaft. Sie ist nicht ohne äussere Güter zu denken; allein
diese haben, wie gesagt, nur die Bedeutung eines Hülfsmittels; die Glückseligkeit selbst besteht hauptsächlich in
der Thätigkeit der Tugend. [4]) Für die Glückseligkeit nach

---

[2]) Ebendas.: Idem oportet esse judicium totius multitudinis et
unius. Vergl. Com. z. Pol. lib. II. lect. 1, a.

[3]) Summa Theol. 1ᵃ 2ᵃᵉ, quaest. 4, artic. 5: Duplex est beatitudo,
una imperfecta, quae habetur in hac vita, et alia perfecta, quae in dei
visione consistit etc. Vergl. Summa contra Gentiles lib. III, cap. 37, und
Com. z. Pol. lib. I. lect. 10. g., 9, c.

[4]) Summa Theol. 1ᵃ 2ᵃᵉ, quaest. 4, art. 5: ad beatitudinem hujus
vitae de necessitate requiritur corpus. Est enim beatitudo hujus vitae
operatio intellectus vel speculativi vel practici; operatio autem intellectus
in hac vita non potest esse sine phantasmate, quod non est nisi in organo
corporeo. — ibid. art. 6: ad eandem beatitudinem ex necessitate requiritur
bona dispositio corporis; consistit autem haec beatitudo secundum
philosophum in operatione virtutis perfectae etc. Ibid. art. 7:
Ad beatitudinem imperfectam requiruntur exteriora bona, non quasi de
essentia beatitudinis, sed quasi instrumentaliter deservientia
beatitudini, quae consistit in operatione virtutum. Indiget
enim homo in hac vita necessaria corporis tam ad operationem virtutis
contemplativae quam activae (Vergl. Summa contra Gent. lib. III, cap.
27 ff. und Fürstenreg. I. 15. Sieh. d. Stelle § 4, Anm. 1.) Auch darin
stimmt Thomas mit Aristoteles überein, dass er der theoretischen Tugend
den Vorzug vor der practischen giebt. Summa Theol. 1ᵃ 2ᵃᵉ, quaest. 3,
art. 6. — 2ᵃ 2ᵃᵉ quaest. 188, art. 6: potior est religio, quae ad vitam
contemplativam ordinatur, quam quae ad activam simpliciter.

ihren beiden Seiten wird auch in der Familie gesorgt;
aber hier theilweise und unvollkommen, während im Staate
allseitiger und vollkommener. Deshalb steht auch der
Staat weit höher als die Familie,[5] höher als jede andere
Gemeinschaft, welche die menschliche Vernunft errichten
kann; sie beziehen sich alle auf den Staat. Aus ebendiesem
Grunde hat die Politik, als die Wissenschaft vom Staate,
als diejenige, welche das höchste und vollkommene Gut im
menschlichen Leben betrachtet, unter allen praktischen
Wissenschaften den ersten Rang.[6])

---

[5] Fürstenreg. I, 1: cum homini competat in multitudine vivere,
qui sibi non sufficit ad necessaria vitae, si solitarius maneat, oportet quod
tanto sit perfectior multitudinis societas, quanto magis per se sufficiens
erit ad necessaria vitae. Habetur siquidem aliqua vitae sufficientia in
una familia domus unius, quantum sc. ad naturales actus nutritionis et
prolis generandae et aliorum hujusmodi, in uno autem dico, quantum ad
ea, quae ad unum artificium pertinent; in civitate vero, quae est perfecta
communitas, quantum ad omnia necessaria vitae, sed adhuc magis in
provincia una propter necessitatem compugnationis et mutui auxilii contra
hostes. — Com. zur Ethik lib. I, lect. 1, a: sciendum est autem quod,
quia homo naturaliter est animal sociale, ut pote qui indiget ad suam
vitam multis, quae sibi ipse solus praeparare non potest, consequens est
quod homo naturaliter sit pars alicujus multitudinis, per quam praeste-
tur sibi auxilium ad bene vivendum; quo quidem auxilio indiget ad duo.
Primo quidem ad ea, quae sunt vitae necessaria .... et ad hoc
auxiliatur homini domestica multitudo, cujus est pars..... Alio
modo juvatur homo a multitudine .... ad vitae sufficientiam perfectam,
sc. ut homo non solum vivat, sed et bene vivat, habens omnia quae sibi
sufficiunt ad vitam; et sic homini auxiliatur multitudo civilis
.... non solum quantum ad corporalia .... sed etiam quantum ad
moralia, in quantum scilicet per publicam potestatem coer-
centur insolentes juvenes, metu poenae, quos paterna
monitio corrigere non valet. (Vergl. Comm. z. Pol. lib. I. lect. 1. r.)

[6]) Comm. z. Pol. lib. I. lect. 1, a: est civitas principalissimum eorum,
quae humana ratione constitui possunt. Nam ad ipsam omnes communi-
tates humanae referuntur ... Si igitur principalior scientia est, quae
est de nobiliori et perfectiori, necesse est politicam inter omnes scientias
practicas esse principaliorem et architectonicam omnium aliarum, utpote
considerans ultimum et perfectum bonum in rebus humanis.

* § 4. **Keine Schwankung in der Auffassung.**

Wenn wir aber ausser dem eben angegebenen Staatszwecke noch andere bei Thomas finden, so brauchen wir
nicht dies mit Baumann (S. 18) als eine Schwankung in der
Auffassung zu betrachten. Wenn er die Erhaltung des Friedens und der Eintracht unter den Bürgern als eine Haupt-
aufgabe des Königs bezeichnet, so ist dies kein besonderer
Staatszweck, sondern eine Grundbedingung, ohne welche der
Staat weder bestehen noch seinen Zweck erreichen kann.
Der Friede ist das Band, welches die Vielen zu-
sammenhält. Bei dem Einzelnen ist der Friede, die
Einheit, von Natur gegeben, und deshalb braucht man bei ihm
nur für zwei Sachen, die Lebensbedürfnisse und die Tugend,
zu sorgen. Bei einer Mehrheit von Menschen dagegen
ist die Einheit nicht von Natur gegeben, sondern man hat
erst dafür zu sorgen.[1])

In demselben Sinne lässt sich erklären, wenn als Beruf
des Königs angegeben wird, dass er Wächter der Gerechtigkeit sein soll,[2]) oder als Zweck der Gesetze und der Gesetzgebung bezeichnet wird, dass sie darauf gehen, die Bürger

---

[1]) Fürstenreg. I, 2: Gubernatoris est navem contra maris pericula
servando illaesum perducere ad portum salutis. Bonum autem et salus
consociatae multitudinis est, ut ejus unitas conservetur, quae dicitur pax,
qua remota socialis vitae perit utilitas, quin immo multitudo
dissentiens sibi ipsi sit onerosa. Noch deutlicher im Cap. 15: ad bonam
unius hominis vitam duo requiruntur, unum principale, quod est operatio
secundum virtutem; virtus enim est, qua bene viritur; aliud vero secun-
darium et quasi instrumentale, scilicet corporalium bonorum sufficientia,
quorum usus sit necessarius ad actum virtutis. Ipsa autem hominis
unitas per naturam causatur; multitudinis autem unitas,
quae pax dicitur, per regentis industriam est procuranda.
Sic igitur ad bonam vitam multitudinis instituendam tria requiruntur.
Primo quidem ut multitudo in unitate pacis constituatur; secundo ut
multitudo vinculo pacis unita dirigatur ad bene agendum. Sicut
enim homo nihil agere potest, nisi praesupposita suarum partium
unitate, ita hominum multitudo pacis unitate carens; dum
impugnet se ipsum, impeditur a bene agendo. Tertio vero etc.

[2]) Fürstenreg. I, 12. gegen Ende. Vergl. Comm. z. Pol. lib. 5, lect. 8, g.

von Recht und Unrecht, von schlechten und tugendhaften
Begehrungen und Handlungen zu unterrichten, die einen
zu verbieten und die anderen zu befördern. Wie innere
Uneinigkeiten und Zwistigkeiten die Existenz des Staates
gefährden, so ist die Erhaltung und Förderung des Gemeinwohls unmöglich, wenn Jedermann freisteht, seiner
eigenen Verkehrtheit oder Trägheit zu fröhnen.[3]) Es ist
deshalb eine der wichtigsten Aufgabe des Regenten, diesem
Uebel zu steuern, indem er nach Gottes Vorbild durch
Gesetze und Verordnungen, durch Strafen und Belohnungen
(justitia distributiva) seine Unterthanen vom Unrecht abzuhalten und zur Tugend hinzuleiten sucht.[4]) Was also
Thomas über Gesetze und Gerechtigkeit sagt, ist kein besonderer Zweck des Staates, sondern ein Mittel, eine Anordnung, wodurch dieser sein Ziel auf positivem und nega-
tivem Wege verfolgt.[5])

§ 5. Die Verfassung des Staates. Mögliche Staatsformen.

Die erste von den eben besprochenen Fragen hatte
Thomas im Fürstenregimente berührt, um die Nothwendigkeit der menschlichen Gesellschaft als Beweis für die Noth-

---

[3]) Fürstenreg. I, 15: Aliud autem impedimentum boni publici
conservandi ab interiori proveniens in perversitate voluntatum consistit,
dum vel sunt desides ad ea peragenda, quae requirit respublica, vel
insuper sunt paci multitudinis noxii, dum transgrediendo justitiam aliorum
pacem perturbant.

[4]) Fürstenreg. I, 15: secundo autem (sc. cura imminet regi, dem oberen
impedimentum boni publici entsprechend), ut suis legibus et praeceptis,
poenis et praemiis, homines sibi subjectos ab iniquitate coerceat et ad
opera virtuosa inducat, exemplum a deo accipiens, qui hominibus legem
dedit, observantibus quidem mercedem, transgredientibus poenas retribuens.

[5]) Summa Theol. 1ª 2ᵃᵉ quaest. 90, art. 4: lex nihil est aliud quam
quaedam rationis ordinatio ad bonum commune, et ab eo, qui curam
communitatis habet, promulgata. ibid. art. 1: lex quaedam regula est et
mensura actuum, secundum quam inducitur aliquis ad agendum, vel ab
agendo retrahitur. Vergl. quaest. 92, art. 1.

wendigkeit eines leitenden Oberhaupts, einer fürstlichen Gewalt anzuführen. Wenn es eine Naturnothwendigkeit ist, dass die Menschen in Gesellschaft mit einander leben, so muss es unter den Menschen Etwas geben, wodurch sie zu einem Gemeinzweck geleitet werden. Ohne diese Leitung würde Jeder nur sein eigenes Interesse verfolgen, mithin wäre keine Gesellschaft möglich; denn das G e m e i n - s a m e ist es, welches vereinigt, das Eigene da- gegen trennt.[1]) Die zweite Frage hat uns den Zweck gezeigt, zu welchem die Gesellschaft geleitet werden soll. So kommen wir zu unserer dritten Frage nach der Staats- verfassung, und zwar zuerst der Frage, welches sind die möglichen Staatsformen, und unter diesen diejenigen, wodurch der Staat richtig regiert und geleitet werden kann. Zum Massstab der Unterscheidung der richtigen Staatsformen von den unrichtigen nimmt Thomas das Ziel des Staats, das G e m e i n w o h l, in dem soeben angegebenen Sinne. Richtig ist die Regierung, wenn sie den Staat zu diesem Ziel hinleitet; unrichtig, wenn sie nicht auf das Gemeinwohl der Regierten, sondern auf das Privatvortheil der Regierenden absieht.[2]) Wird das unrechte Regiment durch Einen geführt, so ist dies eine T y r a n n i s; wird es

---

[1]) Fürstenreg .I, 1: Si naturale est homini quod in societate mul- torum vivat, necesse est in hominibus esse per quod multitudo regatur. Multis enim existentibus hominibus et uno quoque id quod est sibi con- gruum providente, multitudo in diversa dispergeretur, nisi etiam esset aliquis, de eo quod ad bonum multitudinis pertinet curam habens, sicut et corpus hominis et cujuslibet animalis deflueret, nisi esset aliqua vis regitiva communis in corpore, quae ad bonum commune omnium membrorum in tenderet. Quod considerans Salomon dicit: ubi non est gubernator, dissi- pabitur populus. Hoc autem rationabiliter accidit. Non enim idem est quod proprium et quod commune. Secundum propria quidem differunt, secundum autem commune uniuntur etc. Vergl. Summa Theol. Pars I, quaest. 96, art. 4.

[2]) Fürstenreg. 1, 1: Contingit in quibusdam, quae ordinantur ad finem, et recte et non recte procedere. Quare et in regimine multitudinis et rectum et non rectum invenitur. Recte autem dirigitur unumquod- que, quando ad finem convenientem deducitur; non recte autem, quando

nicht durch Einen, sondern durch eine kleine Anzahl von Reichen geführt, welche durch ihren Reichthum das vermögenslose Volk unterdrückend nur der Zahl nach vom Tyrannen sich unterscheiden, so ist dies eine Oligarchie, eine Herrschaft von Wenigen. Wird es endlich von der grossen vermögenslosen Menge ausgeübt, die kraft ihrer numerischen Ueberlegenheit die Reichen unterdrückt, so ist dies eine Democratie, d. h. Ochlocratie. In diesem Falle nimmt das gesammte Volk die Stelle des Tyrannen ein.[3]) Ebenso verhält es sich mit der Eintheilung des gerechten Regiments. Wird es geführt durch irgend eine Menge (wohl zu unterscheiden von der grossen Menge, vom Pöbel), z. B. durch die Krieger einer Stadt oder einer Provinz, so ist es eine Politie; wird es durch wenige, aber tugendhafte Männer geübt, so ist dies eine Aristocratie, d. h. die beste Herrschaft, oder die der

---

ad finem non convenientem. Alius autem est finis conveniens multitudini liberorum et servorum. Nam liber est qui sui causa est; servus autem est qui id. quod est, alterius est. Si igitur liberorum multitudo a regente ad bonum commune multitudinis ordinetur. erit regimen rectum et justum, quae conve t j'eris. Si vero non ad borum commune multitudinis, sed ad bonum privatum regentis regimen ordinetur, erit regimen injustum atque perversum. Unde et Dominus talibus rectoribus comminatur per Ezechielem dicens: Vae pastoribus, qui pascebant semetipsos, quasi sua propria commoda quaerentes. Nonne greges a pastoribus pascuntur? Bonum siquidem gregis pastores quaerere debent, et rectores quilibet bonum multitudinis sibi subjectae. Vergl. Comm. z. Pol. lib. III, lect. 6. b.

³) Fürstenreg. I, 1: Si igitur regimen injustum per unum tantum fiat, qui sua commoda ex regimine quaerat, non autem bonum multitudinis sibi subjectae. talis rector tyrannus vocatur, nomine a fortitudine derivato, quia scilicet per potentiam opprimit, non per justitiam regit: unde et apud antiquos potentes quique tyranni vocabantur. Si vero injustum regimen non per unum fiat, sed per plures, siquidem per paucos, oligarchia vocatur, id est principatus paucorum: quando scilicet pauci propter divitias opprimunt plebem, sola pluralitate a tyranno differentes. Si vero iniquum regimen exerceatur per multos, democratia nuncupatur, id est, potentatus populi: quando sc. populus plebejorum per potentiam multitudinis opprimit divites. Sic enim et populus totus erit quasi unus tyrannus.

Besten. Wird es endlich durch Einen geübt, so ist dieser Regent ein König und das Regiment ein Königthum.[4])

§ 6. Werthbestimmung der verschiedenen Staatsformen.

Diese drei richtigen Formen sind je einer unrichtigen entsprechend und entgegengesetzt, das Königthum der Tyrannis, die Aristocratie der Oligarchie, die Politie der Democratie; und da Thomas bei der Unterscheidung derselben zum Massstab das Gemeinwohl genommen hat, so ist ihm natürlich diejenige Form die beste, welche am meisten diesem Zwecke dient, und umgekehrt diejenige die schlechteste, welche am weitesten davon entfernt ist. Demnach erscheint ihm die Democratie als die am wenigsten schlechte unter den schlechten, weil in ihr das Wohl Vieler, die Oligarchie schlechter, weil in ihr das Wohl Weniger, und die Tyrannis als die allerschlechteste, weil in ihr das Wohl Eines einzigen gesucht wird. In analoger Weise gilt ihm die Politie als die am wenigsten richtige unter den richtigen, die Aristocratie als die richtigere, und das Königthum als die allerrichtigste Staatsform.[1]) Der Grund davon liegt ihm

---

[4]) Ebenda. Similiter et justum regimen distingui oportet. Si enim administratur per aliquam multitudinem, communi nomine politia vocatur, ut pote cum multitudo bellatorum in civitate vel provincia dominatur. Si vero administretur per paucos, virtuosos autem, hujusmodi regimen aristocratia vocatur, id est potentatus optimus, vel optimorum, qui propterea optimates dicuntur. Si vero justum regimen ad unum tantum pertineat, ille proprie rex vocatur. Unde Dominus per Ezechielem etc. (vergl. Com. z. Pol. lib. III, lect. 6.)

[1]) Fürstenreg. I, 3: Sicut autem regimen regis est optimum, ita regimen tyranni est pessimum. Opponitur autem politiae quidem democratia; utrumque enim, sicut ex dictis apparet, est regimen, quod per plures exercetur. Aristocratiae vero oligarchia; utrumque enim exercetur per paucos. Regnum autem tyrannidi; utrumque enim per unum exercetur . . . . Per hoc regimen fit injustum, quod spreto bono communi multitudinis quaeritur bonum privatum regentis. Quanto igitur magis receditur a bono communi, tanto est regimen magis injustum. Plus autem

darin, dass geeinte Kraft wirksamer zur Herbei-
führung einer Wirkung (gleichviel, ob guter oder
schlechter) sei, als zerstreute und getheilte; und
da diese Einheit um so grösser ist, je mehr wir uns zur
numerischen Einheit nähern, so scheint ihm die gute oder
schlechte Wirkung eines Regiments um so grösser zu sein,
je weniger die Regierenden sind.[2]) Dass die beiden Er-
klärungen keineswegs unvereinbar sind, lässt sich leicht ersehen. Die Democratie ist die am wenigsten schlechte unter
den schlechten Staatsformen nicht bloss weil statt Eines
Einzigen oder einer kleinen Anzahl von Reichen Viele dem
eigenen Wohl nachstreben, sondern auch desshalb, weil sie,
als getheilte, nicht Kraft genug haben, um die Herrschaft
allein auszunützen und die Verdrängten vollständig von
dem Gemeinwohl auszuschliessen; das Unvermögen jener
gereicht diesen zum Vortheil. Wie dem auch sei, lassen
wir uns mit dieser allgemeinen Skizzirung der verschiedenen
Staatsformen genügen, um zu der allerrichtigsten Staatsform, dem Königthum, überzugehen, worüber sich Thomas
mit Vorliebe ausbreitet.

§ 7. Vorzüge der Monarchie.

Dass unter den richtigen Formen die Monarchie die
beste ist, sucht Thomas vor Allem damit zu beweisen, dass

receditur a bono communi in oligarchia, in qua quaeritur bonum paucorum, quam in democratia, in qua quaeritur bonum multorum; et adhuc
plus receditur a bono communi in tyrannidi, in qua quaeritur bonum
tantum unius; omni enim universitati propinquius est multum quam
paucum, et paucum, quam unum solum. Regimen igitur tyranni est in-
justissimum.

*) Ebendaselbst. Virtus unita magis est efficax ad effectum indu-
cendum, quam dispersa vel divisa. Multi enim congregati simul trahunt,
quod divisim per partes singulariter a singulis trahi non posset. Sicut
igitur utilius est virtutem operantem ad bonum esse magis unam, ut sit
virtuosior ad operandum bonum; ita magis est nocivum, si virtus operans
malum sit una quam divisa. Dieser Argumentation bleibt Thomas selbst
nicht treu, indem er im Capitel 5 der Tyrannei den Vorzug vor der entarteten Aristocratie giebt.

unläugbar diejenige Regierungsweise die beste sei, welche
am meisten dem Zwecke des Regiments entspreche. Nun
aber bestehe dieser Zweck vor Allem in der Erhaltung
der Gesellschaft, und dieser wiederum sei nur durch den
Frieden möglich, welcher als Einigkeit mehr durch das
an sich Eins bewirkt werden könne, als durch eine Vielheit, sowie die wirksamste Ursache der Erwärmung das an
sich Warme sei.[1]) Zwar können auch mehrere Regenten
die Gesellschaft in ihrem Bestand erhalten, wenn sie nicht
uneinig sind; mehrere aber werden nur durch Annäherung
zur Einheit geeint; mithin könne das annähernd Eins
nicht besser regieren, als das an sich Eins.[2]) Wir haben
es nämlich hier mit der soeben berührten Argumentation
zu thun, dass geeinigte Kraft wirksamer ist als die getheilte, und dass die physische oder moralische Einigung
um so grösser ist, je mehr sie sich zur numerischen Einheit nähert. Einen weiteren Beweis für seine Thesis weiss
Thomas der Natur zu entnehmen, weil ja das natur-
gemässe immer das beste ist. Alles Naturregiment
geht von einem aus; in der Vielheit der Glieder ist Eins,
was Alles bewegt, d. h. das Herz, wie in den Seelentheilen
die Oberleitung der Vernunft zukommt. Auch die Bienen
haben eine Königin, und in der ganzen Welt ist ein Gott

---

[1]) Fürstenreg. I, 2: His autem praemissis requirere oportet, quid
provinciae vel civitati magis expedit (?), utrum pluribus regi an uno. Hoc
autem considerari potest ex ipso fine regiminis. Ad hoc enim cujuslibet
regentis ferri debet intentio, ut ejus quod regendum suscepit salutem
procuret. Gubernatoris enim est navem contra maris pericula servando
illaesam perducere ad portum salutis. Bonum autem et salus consociatae
multitudinis est, ut ejus unitas censervetur, quae dicitur pax . . . . .
Manifestum est autem quod unitatem magis efficere potest quod est per
se unum, quam plures, sicut efficacissima causa est calefactionis quod
est per se calidum. Vergl. Summ. c. Genti. lib. IV, c. 76.

[2]) Fürstenreg. I, 2: Amplius manifestum est, quod plures multitudinem mullo modo conservarent, si omnino dissentirent . . . Uniri autem
dicuntur plura per appropinquationem ad unum. Melius igitur regit
unus, quam plures, ex eo quod appropinquant ad unum.

Schöpfer und Regent.³) Endlich zeigt die Erfahrung, dass
Provinzen oder Städte, die nicht von Einem regiert
werden, viel durch Uneinigkeit leiden und in beständiger
Unruhe sind.⁴)

§ 8. Etwaige Gefahren und Mängel der Monarchie.

Bei all dieser Beweisführung bleibt unserem Philosophen nicht unbekannt, dass die Monarchie der Gefahr ausgesetzt ist, in die allerschlechteste Form, die Tyrannei aus-
zuarten, und dass mancher Regent unter dem Namen des
Königs Tyrannenherrschaft ausübt. Er weiss ferner und sucht
auch den Grund davon anzugeben, wie manche Staaten
mehr blühend unter der Herrschaft von Mehreren, als unter
der Monarchie gewesen sind. Allein er behauptet wieder
und mit Beispielen aus der Geschichte beweist er, dass
dieser blühende Zustand nicht von Dauer sein könne, dass
er am Ende über kurz oder lang den Parteikämpfen und
Bürgerkriegen zum Opfer falle, die meist eine Folge des
entarteten Regiments von Mehreren seien.¹) Die Gefahr daher,

---

³) Ebendas.: Adhuc ea quae sunt ad naturam optime se habent,
in singulis enim operatur natura quod optimum est. Omne autem naturale
regimen ab uno est. In membrorum enim multitudine unum est quod omnia movet, scilicet cor, et in partibus animae una vis principaliter praesidet,
scilicet ratio. Est etiam apibus unus rex, et in toto universo unus deus
factor omnium et rector etc. Vergl. ebend. I, 3 und 12, und Comm. z.
Pol. lib. III, lect. 12.

⁴) Ebendas. I, 2: Hoc etiam experimentis apparet. Nam provinciae vel civitates, quae non reguntur ab uno, dissensionibus laborant, et
absque pace fluctuant, ut videatur adimpleri quod Dominius per prophe-
tam conqueritur dicens: „pastores multi demoliti sunt vineam meam.“
E contrario vero proviniciae et civitates, quae sub uno rege reguntur,
pace gaudent, justitia florent et affluentia rerum laetantur. Unde
Dominus etc.

¹) Fürstenreg. I, 4: Quia igitur optimum et pessimum consistunt in
monarchia, id est, principatu unius, multis quidem propter tyrannorum
malitiam redditur regia dignitas odiosa. Quidam vero dum regimen
regis desiderant, incidunt in saevitias tyrannorum, rectoresque quam
plures tyrannidem exercent sub praetextu regiae dignitatis. Horum

dass auch eine Herrschaft von Mehreren in Tyrannei ausarten kann, erscheint ihm ebenso gross, ja viel grösser als
beim Regiment Eines einzigen. Die Uneinigkeiten, sagt
er, helfen und haben schon Vielen dazu geholfen, dass sie
sich der Alleinherrschaft über die Gesellschaft bemächtigten;
es geht fast jede Regierung von Vielen am Ende in die
Tyrannei Eines einzigen über. Wenn nun, fährt er fort,
weder das eine noch das andere von der Gefahr der Tyrannis
frei ist, so muss man von zwei Uebeln das kleinere wählen.
Und da ihm eine entartete Aristocratie verderblicher für
den Staat erscheint, als eine in Tyrannei verwandelte Monarchie, so giebt er auch in dieser Hinsicht dem Königs-
thum den Vorzug.[2]) Damit begnügt er sich aber keineswegs, sondern er untersucht die Art und Weise, wie es auch
diesem kleineren Uebel abzuhelfen ist. Zu diesem Behufe
schlägt er dreierlei vor: fürs erste nämlich müsse es dafür

quidem exemplum evidenter apparet iu Romana republica. Regibus enim
a populo Romano expulsis, dum regium, vel potius tyrannicum fastum
ferre non possent, instituerunt sibi consules et alios magistratus, per
quos regi coeperunt et dirigi, regnum in aristocratiam commutare volentes.
Et, sicut refert Salustius, incredibile est memoratu, quantum adepta
libertate in brevi Romana civitas creverit. Plerumque namque contingit,
ut homines sub rege viventes segnius ad bonum commune nitantur, ut
pote existimantes, id quod ad bonum commune impendunt, non sibi ipsis
conferre, sed alteri, sub cujus potestate vident esse bona communia.
Cum vero bonum commune non vident esse in potestate unius, non
attendunt ad bonum commune quasi ad id quod est alterius, sed quilibet
attendit ad illud quasi suum. Unde experimento videtur, quod una
civitas per annuos rectores administrata plus potest interdum, quam
rex aliquis, si haberet tres vel quatuor civitates . . . . . . Sed cum
dissensionibus fatigabantur continuis (sc. Romani), quae usque ad bella
civilia excreverunt, quibus bellis civilibus eis libertas, ad quam multum
studuerant, de manibus erepta est, sub potestate imperatorum esse coeperunt . . . . Utrinque igitur pericula imminent, sive dum timetur tyrannus, evitetur regis optimum dominium, sive dum hoc consideratur, potestas
regia in malitiam tyrannicam convertatur.

    [2]) Fürstenreg. I, 5: Cum autem inter duo, ex quorum utroque pericu-
lum imminet, eligere oportet, illud potissimum eligendum est, ex quo
sequitur minus malum. Ex monarchia autem, si in tyrannidem converta-

gesorgt werden, dass ein Solcher zum König erhoben werde, von dem es mit aller Wahrscheinlichkeit annehmen lässt, dass er nicht zum Tyrannen entarten werde; es muss ferner das Regiment so eingerichtet sein, dass ihm jede Gelegenheit zur Tyrannis entzogen werde; es sei endlich dafür zu sorgen, wie dem abzuhelfen sei, falls der König zum Tyrannen ausarten würde.[3]) Nur auf die letzte Frage haben wir eine ausführliche Antwort im Fürstenregiment; die beiden ersten werden wir nach den anderen Quellen zu beantworten versuchen.

---

tur, minus malum sequitur, quam ex regimine plurium optimatum, quando corrumpitur. Dissensio enim, quae plurimum sequitur ex regimine plurimum, contrariatur bona pacis, quod est praecipuum in multitudine sociali, quod quidem bonum per tyrannidem non tollitur, sed aliqua particularium hominum bona impediuntur nisi fuerit excessus tyrannidis .... Amplius non minus contingit in tyrannidem verti regimem multorum quam unius, sed forte frequentius. Exortu namque dissensione per regimen plurium contingit saepe unum alios superare et sibi soli multitudinis dominium usurpare. Quod quidem ex his, quae priori tempore fuerunt, manifeste inspici potest. Num fere omnium multorum regimen est in tyrannidem terminatum, ut in Romana republica manifeste apparet. Quae dum diu per plures magistratos administrata fuisset, exortis simultatibus, dissensionibus et bellis civilibus, in crudelissmos tyrannos incidebat. Et universaliter si quis praeterita facta et quae nunc fiunt diligenter consideret, plures inveniet exercuisse tyrannidem in terris, quae per multos reguntur, quam in illis, quae gubernantur per unum. Si igitur regimen quod est optimum regimen, maxime vitandum videatur propter tyrannidem, tyrannis autem non minus, sed magis contingere solet in regimine plurium quum unius: relinquitur simpliciter magis esse expediens sub rege uno vivere, quum sub regimine plurium.

*) Fürstenreg. I, 6: Quia ergo unius regimen praeeligendum est, quod est optimum, et contingit ipsum in tyrannidem converti, quod est pessimum .... laborandum est diligenti studio, ut sic multitudini provideatur de rege, ut non incidant in tyrannum. Primum autem est necessarium, ut talis conditionis homo ab illis, ad quos hoc spectat officium, promoveatur in regem, quod non sit probabile in tyrannidem declinare .... deinde sic disponenda est regni gubernatio, ut regi jam instituto tyrannidis subtrahatur occasio. Simul etiam sic ejus temperetur potestas, ut in tyrannidem de facili declinare non possit. Quae quidem ut fiant in sequentibus considerandum erit. Demum vero curandum est, si rex in tyrannidem deverteret, qualiter posset occurri.

§ 9. Begründung der Herrschaft eines Menschen über Andere.

Die Frage, wer zum König zu erheben ist, hängt mit einer allgemeinem Frage zusammen, der Frage nach dem Grunde der Herrschaft eines Menschen über einen Anderen. Diese Frage ist um so weniger zu überspringen, als sie uns die Gelegenheit bietet, Thomas' Ansicht über die Sklaverei kennen zu lernen. Es ist ein durchschlagender Gedanke, welcher unserem Philosophen mit Aristoteles gemein ist, dass nämlich wie unter den lebenden Wesen der Mensch über das Thier und im Menschen der Geist über den Körper von Natur herrscht, so auch unter den Menschen denjenigen die Herrschaft zukomme, die sich den Anderen gegenüber in einem Verhältniss finden, in welchem der Mensch dem Thiere, der Geist dem Körper gegenüber sich findet, und dass dieses Verhältniss nicht bloss natürlich, sondern auch für beide Seiten nothwendig und zuträglich sei.[1]) Dieses allgemeinen Gedankens bedient sich bekanntlich Aristoteles zur Rechtfertigung des Instituts der Sklaverei. Wollte man nun annehmen, dass auch sein Commentator desshalb derselben Ansicht mit ihm sein müsse, weil er in seinem Commentar die Aristotelische Ansicht über die Sklaverei nicht widerlegt, so würde man nicht die ächt thomistische Lehre über diesen Punkt haben. Jener allgemeine Gedanke, der uns ausser dem Commentar auch in anderen thomistischen Schriften begegnet, an und für sich schliesst den Gedanken der Sklaverei keineswegs mit ein, sondern er sagt nur, dass die Menschen von Natur verschieden begabt sind und dass die Herrschaft immer dem Besseren zukommt. Das Institut der Sklaverei verwirft unser Theologe zwar nicht; der thomistische Begriff vom Sklaven (servus est qui quod est alterius est) ist ganz der Aristotelische; während aber bei Aristoteles die verschiedene

---

[1]) Comm. z. Pol. lib. I, lect. 1 ff. Vergl. Summa Theol. 2ª 2ᵃᵉ quaest. 57, art. 3.

Begabung der Menschen ein Rechtsgrund nicht allein der
Herrschaft eines Menschen über einen Anderen, sondern
auch der Sklaverei ist, findet Thomas darin nur den Grund
der Herrschaft, nicht aber den der Sklaverei.

§ 10. Die Sklaverei als ein accidens.

Er unterscheidet nämlich zweierlei Herrschaft, eine
solche, wonach der Beherrschte nur dem Interesse des
Herrschenden dient; und das ist das Verhältniss des Sklaven
zu seinem Herrn; und eine solche, wonach der Herrscher
die Untergebenen zu deren Wohl oder dem Gemeinwohl
leitet, und das ist die Herrschaft über freie Menschen.
Während nun Thomas dieses Verhältniss als Etwas, in der
Menschennatur selber wurzelndes, und deshalb auch im
Stande der Unschuld unentbehrliches erscheint, findet er
dagegen die Sklaverei mit dem Stande der Unschuld un-
verträglich, und zwar aus dem Grunde, weil es Jedem
wünschenswerth und angenehm ist, seinem eigenen, und
unangenehm, bloss eines Anderen Interesse folgen zu müssen.
Und da der Sklave in dieser traurigen Lage sich befindet,
so ist eine solche Lage ohne verdiente Strafe nicht denkbar,
also im Stande der Unschuld unmöglich.[1]) Die Sklaverei
ist mithin ein accidens; sie rührt nicht von dem Schöpfer
her, als ein der menschlichen Gesellschaft unentbehrliches
Institut. Die Natur hat alle Menschen gleich und frei gemacht; die Sklaverei ist eine Strafe für den gefallenen
Menschen. Im Gegensatz zu anderen Wesen ist der Mensch
als rationales Wesen Selbstzweck; wenn er aber aufhört

---

[1]) Summa Theol. 1ª quaest. 96, art. 4 (wo auf die Frage: utrum
homo in statu innocentiae homini dominabatur: folgendermassen geant-
wortet wird): dominium accipitur dupliciter, uno modo secundum quod
opponitur servituti .... alio modo .... secundum quod communiter
refertur ad subjectum qualitercumque. Primo ergo modo accepto dominio,
in statu innocentiae homo homini non dominaretur; sed secundo modo
accepto dominio homo homini dominari potuisset. Cujus ratio est, quia
servus in hoc differt a libero, quod liber est causa sui, servus autem

es zu sein, so kommt es daher, dass er sich durch die Sünde den irrationalen Wesen gleich macht. [2])

§ 11. Königswürde gebührt dem Besten.

Wenn nun Thomas bei der Anwendung jenes allgemeinen Gedankens auf die Skaverei dem Aristoteles nicht in Allem folgt, so bleibt er, die politische Herrschaft be-

---

ordinatur ad alium. Tum ergo aliquis dominatur alicui ut servo, quando eum cui dominatur, ad propriam utilitatem sui, sc. dominantis, refert. Et quia unicuique est appetibile proprium bonum, et per consequens contristabile est unicuique quod illud bonum, quod deberet esse suum, cedat alteri tantum: ideo tale dominium non potest esse sine poena subjectorum; propter quod in statu innocentiae non fuisset tale dominium hominis ad hominem. Tunc vero dominatur aliquis alteri ut libero, quando dirigit ipsum ad proprium bonum ejus, qui dirigitur, vel ad bonum commune; et tale dominium hominis ad hominem in statu innocentiae fuisset propter duo; primo quia homo naturaliter est animal sociale; socialis autem vita multorum esse non potest, nisi aliquis praesideret, qui ad bonum commune intenderet. Multi enim per se intendunt ad multa unus vero ad unum. Et ideo Philosophus dicit in prin. Politic. quod quandocumque multa ordinantur ad unum, semper invenitur unum ut principale et dirigens. Secundo, quia si unus homo habuisset super alios supereminentiam scientiae et justitiae, inconveniens fuisset, nisi hoc exequeretur in utilitatem aliorum . . . . . . Unde Augustinus dicit (19. civit. Dei, cap. 14, in fine) quod justi non dominandi cupiditate imperant, sed officio consulendi etc.

[2]) Sententia. lib. II, dist. 44, quaest. 1, art. 3: Natura omnes homines aequales in libertate fecit — Creatura rationalis, quantum est de se, non ordinatur ad finem, ut ad alium, ut homo ad hominem; sed si hoc fiat, non erit, nisi in quantum homo propter peccatum irrationabilibus creaturis comparatur . . . . et ideo talis praelatio hominis ad hominem ante peccatum non fuisset. Zu bemerken ist, dass Thomas (in Comm. in Epist. ad Titum c. III, lect. 2) den Sklaven dem Geiste nach für frei und unabhängig erklärt nach den daselbst angeführten Worten des Seneca (de Benef. 3, c. 20): „errat si quis existimat servitutem in totum hominem descendere; pars enim melior excepta est; corpora obnoxia sunt et adscripta dominio, mens quidem est sui juris.“ Vergl. die in § 16, Anm. 1 citirte Stelle (aus der Summa Theol. 2ᵃ, 2ᵃᵉ.), wo dem Sklaven auch dem Körper nach eine gewisse Unabhängigkeit seinem Herrn gegenaber zuerkannt wird.

treffend, jenem Princip treu. Dass bei einem zur Selbstregierung unfähigen Volke die Herrschaft dem Geschlechte
oder der Person zustehe, welche allen Anderen sammt und
sonders überlegen ist, darin stimmt unser Theologe mit
Aristoteles ganz überein.[1]) Bei einem Volke aber von freien
und zur Selbstregierung nicht unfähigen Bürgern kann es
vorkommen, dass ein Einzelner, oder die Mitglieder einer
Minderheit zwar jedem Einzelnen, nicht aber der Gesammtheit der Bürger, als eines Ganzen genommen, an den nöthigen Eigenschaften überlegen sind, indem die Theile des
Ganzen sich gegenseitig zu höherer Vollkommenheit er-
gänzen. In diesem Falle findet es Aristoteles nicht ganz
richtig, die Mehrzahl von der Staatsverwaltung völlig auszuschliessen, und dies um so mehr, als ihm eine gänzliche
Ausschliessung derselben nicht ohne Gefahr für den Staat
erscheint. Aus diesen Gründen ist ihm die Volksherrschaft
nicht ganz verwerflich. Tritt aber der Fall ein, dass in
einem Staate von freien Bürgern ein Einzelner, oder
eine Minderheit alle Anderen, einzeln und insgesammt, an
Tugend weit übertrifft, in diesem Falle erklärt es Aristoteles für unrecht und lächerlich, solche über das gewöhnliche
Mass hinausreichende Mitglieder als Theile des Staates den
anderen Bürgern gleichstellen und dem Gesetze unterwerfen
zu wollen, welches nur für Gleiche gegeben sei; vielmehr

---

[1]) Comm. zur Pol. lib. III, lect. 16, e., lect. 13, d. f. Vergl. auch
lib. I, lect. 5, a. — Den nämlichen Gedanken, dass dieselbe Staatsform
nicht für alle Völker und in allen Entwickelungsstufen taugt, sondern
dass sie dem Zustande des betreffenden Volks entsprechen muss, finden
wir auch in der Summa Theol. 1ª· 2ᵃᵉ· quaest. 97, Art. 1, wo das gesagte
durch ein Citat aus Augustin (de lib. arbit. I, b) bestätigt wird: si populus sit bene moderatus et gravis, communisque utilitatis diligentissi-
mus custos, recte lex fertur, qua tali populo liceat creare sibi magistratus, per quos respublica administretur. Porro si paulatim idem populus
depravatus habeat venale suffragium, et regimen flagitiosis sceleratisque
committat, recte adimitur populo tali potestas dandi honores et ad paucorum bonorum redit arbitrium. Vergl. Ebendas. quaest. 104.
art. 3.

glaubt er, es bleibe für solche Mitglieder nichts anderes
übrig, als dass sie entweder vom Staate ganz ausgeschlossen
werden, wie dies in einer auf ihre politische Gleichheit
eifersüchtigen Democratie nicht selten geschehe, oder, was
richtiger und natürlicher in einem wohlgeordneten Staate
der Fall sein solle, dass ihnen, gleichwie Göttern unter den
Menschen, die ungetheilte und lebenslängliche Herrschaft
übertragen werde.[2]) An diesen letzteren Gedanken des
Philosophen hält sich unser Theologe so fest, wir möchten
sagen, so einseitig, dass er ohne alles Bedenken behauptet,
die über andere Punkte allseitig und ganz objectiv angestellten Betrachtungen des Philosophen stehen im Wider-
spruch mit jenem Gedanken, und so übernimmt er es, denselben seinerseits gegen alle Einwendungen zu vertheidigen.[3])

---

[2]) Aristot. Polit. lib. III, c. 6—8 (editio stereot. Tauchnitiana).

[3]) Comm. z. Pol. lib. III, lect. 12, o (wo er nach der Auseinandersetzung der aristotelischen Betrachtungen hinzufügt): Sed est considerandum quod Philosophus videtur sibi contrariari; dixit enim prius, quod
melius est multitudinem aliquam principari quam paucos; dixit etiam
quod, si unus principaretur, alii essent inhonorati, quod est inconveniens;
in ista parte dicit quod iste, qui sic excedit omnes alios, non est civis;
sed ille qui non est civis non debet principari; quare iste non debet
principari. Cujus contrarium dicit hic. Ad hoc dicendum quod, si unus
inveniatur qui excedat omnes alios in virtute, iste debet principari;
et ratio hujus est, quia illum oportet magis principari, qui accedit magis
ad principatum naturalem et ad principatum universi; sed iste, qui sic
excedit omnes alios in virtute, est hujusmodi; ergo expedit illum solum
principari .... nec videlicet quod primo objicitur (valet), quod superius
dixit, quod magis expedit multitudinem dominari; quia illud intelligendum est ubi est politia aequalium et similium, et virtus unius non excedat virtutem omnium aliorum (nämlich insgesammt genommen), quod
in proposito non contingit. Nec valet quod secundum objiciebatur, si
unus vel plures principarentur, quod omnes alii essent inhonorati; quia
in politia recte ordinata quilibet diligit statum et gradum proprium et
gradum alterius, et ideo vult honorem sibi secundum gradum suum, et
vult alii honorem secundum gradum illius, nec vult sibi honorem alterius; et ideo si sit unus excellens omnes in virtute, omnes volunt sibi
honorem, qui debetur ei, et ideo non sunt inhonorati, quia quilibet habet
honorem qui debetur ei. Nec valet quod objiciebatur tertio de hoc, quod

§ 12. Erforderliche Vorzüge des Königs.

Wenn demnach die Herrschaft nur den Besseren, und da die Alleinherrschaft die beste Staatsform ist, dem Besten unter Allen zukommen soll, welches sind dann die Eigenschaften, die einen Regenten auszeichnen müssen? Als solche bezeichnet Aristoteles in Kurzem drei: Liebe zur Herrschaft, Macht und Tugend. Ueber diese kurze Andeutung breitet sich nun Thomas aus und giebt die Gründe an, warum gerade diese Eigenschaften für einen Regenten erforderlich sind. Es erfordert Liebe zur Herrschaft und zum Staate, weil ein vollkommener Regent, der Andere zu leiten hat, selbst Einsicht haben müsse; Einsicht aber könne er nicht haben, ohne richtiges Trachten nach dem Zwecke zu haben, dies aber wiederum nicht, ohne den Zweck und die Mittel zum Zwecke zu lieben, da ja seine Stelle den Ausgangspunkt für Alles bilde, was sich auf den Zweck des Staates bezieht.[1]) Es erfordert Macht, weil der Regent die Unterthanen zum Staatszwecke hinzuleiten hat. Nun sind unter diesen solche, die man durch die Vernunft zu überreden vermag; es giebt aber auch solche, die man dazu zwingen muss, was ohne

---

dicit, quod ille non est civis. Verum enim est quia, sicut ille, qui principatur propter excellentium virtutis, non est civis, sed supra civem; eodem enim modo est aliquis civis, sicut se habet ad legem. Sed cum assumitur quod non debet dominari nisi civis, non habet veritatem in politia regali et optima simpliciter, qualis est illa, in qua dominatur ille, qui dictus est. Diese letzteren unterstrichenen Worte u. A. zeigen am deutlichsten, dass in unserer Stelle nicht von einer schon bestehenden Republik die Rede ist, wie Baumann meint (S. 121 f.), sondern im allgemeinen von der besten und allerrichtigsten Staatsform, was auch Aristoteles (lib. III, c. 8) mit den Worten: ἀλλ'ἐπὶ τῆς ἀρίστης πολιτείας etc. meint.

[1]) Comm. z. Polit. lib. V, lect. 7, z. Dicit (philosophus), quod debentem perfecte principari principali principatu tria oportet habere. Primum est amor principatus; oportet enim, si perfecte debeat principari, quod diligat principatum. Et ratio hujus est, quia perfecte principans debet habere prudentiam, quia prudentia est recta ratio agibilium.

Macht nicht denkbar ist.[2]) Dem gleichen Gedanken begegnen wir schon bei Aristoteles, mit der Bemerkung, die
Macht des Regenten müsse zwar grösser sein als die
eines einzelnen Bürgers, grösser als die von Mehreren zusammen genommen, aber geringer als die des ganzen
Staats, damit der Regent nicht leicht zum Tyrannen ausarten könne.[3]) Damit ist nun auch Thomas ganz einverstanden; die Macht des Regenten muss ihre Schranken
haben, damit er nicht zum Tyrannen entarte.[4]) Nur schein-
bar widerspricht diesem Satze der im vorigen § mehrfach
erörterte, die Herrschaft komme dem zu, welcher allen
Anderen überlegen ist; denn die Eigenschaft, worin der
Regent alle Anderen übertreffen muss, ist nur die dritte
von den erforderten Königseigenschaften, nämlich die moralische Tugend. Sie ist für einen Regenten unentbehrlich, weil er, wie gesagt, Einsicht haben muss; diese
aber ohne richtiges Verlangen unmöglich, sowie die Richtig-
keit des Verlangens ohne moralische Tugend undenkbar
ist.[5]) Noch concreter und treffender wird die Thesis weiter

---

Princeps autem cum habeat regere alios, oportet quod habeat rectam
rationem de agibilibus; quare oportet quod habeat prudentiam perfectam.
Sed prudentiam non potest habere, nisi habeat appetitum rectum ad
finem, hoc autem non potest esse, nisi diligat finem et ea quae sunt ad
finem, secundum quod hujusmodi principatus principium est eorum, quae
ordinantur ad finem reipublicae. Quare manifestum est, quod bene principantem oportet habere amorem ad principatum et rempublicum.

²) Ebendas.: Secundo oportet quod habeat potentiam respectu ope-
rum principantis, quae maxima sunt. Et hoc patet; princeps enim habet
dirigere ad finem reipublicae subditos; inter autem subditos quidam sunt
bene persuabiles ratione, et quantum ad tales non est opus coactione;
alii autem sunt, quibus non de facili suadetur a ratione, sed sunt inoboe-
dientes et insolentes, et pro talibus indiget potentia coactiva; coercere
autem et punire non potest, nisi habeat potentiam etc.

³) Aristot. Polit. lib. III, e. 10.

⁴) Comm. z. Pol. lib. III, lect. 14, r. Vergl. Fürstenr. I, 6: ejus
temperetur potestas, ut in tyrannidem de facili declinare non possit,
und Summa Theol. 1ª, 2ae, quaest. 105, art. 1.

⁵) Comm. z. Pol. lib. V, lect. 7, z: Tertio oportet quod habeat vir-

so motiviert, dass ein Regent, ohne moralische Tugend, auch wenn er Liebe zur Herrschaft und Macht hätte, gleich einem unenthaltsamen Menschen handeln würde, der bei allem richtigen Urtheil und Wissen, was zu thun oder zu lassen ist, und bei aller Liebe zu sich selbst, doch von seinen Begierden und Leidenschaften beherrscht, nie seiner Einsicht folgt. [6]) Zu Gunsten der Tugend fällt auch die Beantwortung der Frage aus, welcher von den genannten Eigenschaften der Vorzug zu geben ist, falls ein Einziger nicht alle diese besitzt, sondern der Eine diese, der Andere jene. [7])

---

tutem, et hoc apparet ex dictis; oportet enim principantem habere prudentiam: hoc autem non est, nisi habeat appetitum rectum. Sed rectitudo appetitus est per virtutem moralem.

[6]) Ebendas. dd: dicit philosophus quod cum potentia et amore ad principatum requiritur virtus, si debeat [b]ene et perfecte regi, quia habentes potentiam civilem et amorem reipublicae contingit esse sicut incontinentes, hoc est, sic esse dispos[i]tos ad rempublicam, sicut incontinens est ad se ipsum .... Incontinens, quamvis habeat rectum judicium et scientiam de agibilibus et amorem su[i], nihilominus tamen prosequitur concupiscentias et motus passionum. Et sic non proficit ei scientia, quam habet de agibilibus. Sic igitur erit de istis, quod quamvis diligant principatum et habeant potentiam, quia tamen non habent virtutem, per quam regulent suas operationes, deficient et male se habebunt in principatu.

[7]) Ebendas. bb (wo die Aristotelische Entscheidung der Frage: ἔοικε δὲ δεῖν βλέπειν εἰς δύο, τίνος πλεῖον μετέχουσι πάντες, καὶ τίνος ἔλαττον· διὸ ἐν στρατηγίᾳ μὲν εἰς τὴν ἐμπειρίαν μᾶλλον τῆς ἀρετῆς· ἔλαττον γὰρ στρατηγίας μετέχουσι, τῆς δὲ ἐπιεικείας πλεῖον. Ἐν δὲ φυλακῇ καὶ ταμιείᾳ τοὐναντία· πλείονος γὰρ ἀρετῆς δεῖται ἤ, ὅσην οἱ πολλοὶ ἔχουσιν· wird folgendermassen kommentirt): Solvit (philosophus) istam dubitationem et dicit quod in electione principis oportet considerare ad duo, sc. ad illud, quo plus possunt cives attingere ad finem principatus, et ad illud, quo minus. Et ratio hujus est, quia principatus rationem sumit ex fine, et ea quae sunt ad finem, rationem sumunt ex fine. Et ideo ille est assumendus in principem, qui habet illud, secundum quod possunt magis pertingere ad finem reipublicae. Et propter hoc in militia sive ducatu exercitus magis considerandum est ad experientiam quam ad virtutem, quia per experientiam in armis possunt magis pertingere ad finem reipublicae quam per virtutem. Virtuosi autem minus experti sunt, ut frequenter, in talibus, sunt tamen meliores mul-

§ 13. Die Ernennung zum Könige.

Verwandt mit dem vorhergehenden ist die Frage nach der Ernennung zum Regenten, ob sie nämlich durch Wahl, oder nach Geschlechtsfolge vorzunehmen ist. Bei der bisherigen Auseinandersetzung lässt sich kaum erwarten, dass Thomas dem letzteren Systeme das Wort rede. Zwar verkennt er weder die Vortheile der Succession, noch die Nachtheile der Wahl. Die Wahl, sagt er, kann Zwiespalt zwischen den Bürgern erregen; auch sind die Wähler nicht immer redlich und zuverlässig, so dass man die Erwählung eines Schlechten für unmöglich halten könnte. Sodann ist es hart und befremdend, dass, wer heute einem Andern gleich ist, morgen über ihn herrsche, was bei der Geschlechtsnachfolge nicht der Fall ist. Hier macht die Gewohnheit des Herrschens viel aus. Bei des Vaters Lebzeiten gewöhnt man sich allmählich und unvermerkt dem Sohne sich zu unterwerfen, weil man bereits dem Vater unterworfen ist. Aus diesen Gründen glaubt Thomas, das Successionssystem könne zwar nicht an und für sich, wohl aber nach Zufall (per accidens) zuträglicher sein, als das Wahlsystem,[1]) während das letztere an und für sich den

tum . . . Sed in custodia, sive in regimine civitatis et in administratione aerarii debet eligi ille, qui habet virtutem, quia in tali principatu requiritur magis virtus quam experientia, quam multi habent.

[1]) Comm. z. Pol. lib. III, lect. 14, q.: Per accidens est melius assumere principantem per generis successionem, quia in electione contingit esse dissensionem inter eligentes. Iterum quandoque eligentes mali sunt, et ideo contingit quod eligant malum. Utrumque autem istorum malum est in civitate. Iterum consuetudo dominandi multum facit ad hoc, quod aliquis subjiciatur alteri. Et ideo regnante patre assuescunt (sc. cives) filio suojici (ich lese filio statt der Lesart der mir zugänglichen Ausgaben filii, welche den Sinn des Satzes verdirbt. Vrgl. lect. 13 f.: regnante enim patre aliquo modo assuescunt subditi filio, et ideo postmodum regnante filio voluntarie sibi subjiciuntur, quia consueti sunt); quia patri, ideo inclinatur ad hoc ut subjiciatur ei. Iterum valde durum et extraneum est, quod ille, qui est hodie aequalis alicui, cras dominetur et sit princeps illi. Et ideo per accidens melius est principantem assumi per successionem generis, quam per electionem.

Vorzug verdient. Bei der Succession nämlich ist es nicht
sicher, dass der Thronerbe gut und würdig sein wird; und
es ist kaum glaublich, dass der Vater, der doch gut ist,
seinem Sohne, falls er schlecht ist, einen Anderen vorziehen
wird; solche Annahme, als der väterlichen Liebe und deshalb der Natur selbst widerstreitend, geht über das gewöhnliche Vermögen der Menschen hinaus. Im Wahlsystem
dagegen sind die Chancen für den glücklichen Ausfall der
Wahl grösser, weil man hier unter Mehreren zu wählen
hat und gewöhnlich ein Besserer viel leichter in einer
ganzen Menge zu finden ist, als wenn man es mit einem
Einzigen zu thun hat.[2]

§ 14. Ob beschränkte oder absolute Monarchie.

Die andere von den zwei Fragen, die, im Fürstenregimente (I, 6) aufgeworfen, unbeantwortet geblieben sind,
und welche wir nach unseren übrigen Quellen zu beantworten versuchen, war die: durch welche Einrichtungen

---

[2] Ebendaselbst: quod non debeat assumi per generis successionem,
ostendit (philosophus), quia dubium est de filiis succedentibus quales
futuri sint, et potest contingere quod malus sit filius. Si ergo assumatur
ille unus per generis successionem, continget assumi malum ad principatum;
hoc autem est inconveniens .... Sed quia forte aliquis diceret, quod
pater, bonus existens, videns malum filium, non tradet filio regnum, sed
alii: ipse istud removet et dicit, quod istud difficile est credere, patrem
scilicet dimittere filium et tradere alii principatum. Hoc enim est supra
communem facultatem hominum. Oportet enim quod dimittat principatum
magis dilecto; et magis dilectus secundum naturam est propinquior
secundum naturam: filius autem est sicut alter pater, et ideo sicut pater
plus diligit se quam quemcumque alium, sic post se naturaliter plus
diligit naturalem filium quam quemlibet alium; quare citius dimittet sibi
regnum quam alicui alii. Et est intelligendum quod per se semper
melius est assumi regem per electionem quam per successionem, sed
per successionem melius per accidens; primum patet sic: melius
est assumi principantem illo modo, quo per se contingit ipsum accipi
meliorem; sed per electionem contingit assumi meliorem quam per successionem generis, quia melior, ut in pluribus, invenitur in tota multitudine,
quam si sit unus. Et electio per se est appetitus ratione determinatus.

dem König jede Gelegenheit zur Tyrannei entzogen werden
kann (vergl. § 8). Schon das Aufwerfen einer solchen Frage
weist darauf hin, dass Thomas unter dem Königthum keine
unbeschränkte absolute Monarchie versteht. Darauf weist
auch der oben im § 12 besprochene Gedanke hin, dass die
Macht des Regenten zwar grösser sein muss, als die eines
Einzigen, grösser als die von Mehreren zusammengenommen,
aber geringer als die des ganzen Staates. Dagegen haben wir
anderweitige Aeusserungen von Thomas, denen ein gewisser
Anstrich von Absolutismus kaum abzusprechen ist. Wir
zählen darunter weder die im Fürstenregimente (I, 14) vorkommende Aussage: König heisse wem die höchste
Leitung in menschlichen Dingen übertragen
werde:[1] weil die Stelle des Königs auch in der constitutionellen Monarchie nicht anders aufgefasst wird; noch die
thomistischen Aeusserungen über die Gesetzgebung, die
wir in der Summa Theologiae finden. Hier wird das Gesetz
definirt als eine Anordnung der Vernunft zum Gemeinwohl und von dem erlassen, welcher die
Sorge für die Gemeinschaft hat.[2] Dass damit kein
Absolutismus gemeint ist, sehen wir an derselben Stelle,
wo die Frage, wem das Recht, Gesetze zu erlassen, zusteht,
dahin beantwortet wird, dass die Gesetzgebung eine Sache
entweder des ganzen Staats, oder einer öffentlichen Person
ist (persona publica, im Gegensatz zur Privatperson, die
zwar rathen, aber nicht Gesetze vorschreiben darf),[3] welche
die Stelle des ganzen Staates vertritt (gerentis vicem totius

---

[1] Hunc regem dici supponimus, cui summa regiminis in rebus
humanis committitur.

[2] Siehe die Stelle in § 4, Anm. 5.

[3] (1ᵃ 2ᵃᵉ, quaest. 90, art. 3): persona privata non potest inducere
efficaciter ad virtutem; potest enim solum monere; sed si sua monitio
non recipiatur, non habet vim coactivam, quam debet habere lex ad hoc,
quod efficaciter inducat ad virtutem .... Hanc autem virtutem coactivam habet multitudo, vel persona publica etc.

multitudinis) und die Sorge für das Ganze hat.⁴) Ganz
absolutistisch dagegen lauten die im Commentar zur Politik
vorkommenden Aeusserungen unseres Theologen über das
Verhältniss des Regenten zum Gesetze. Hier nämlich eignet
er sich den von Aristoteles mehrfach besprochenen Satz an,
dass an jedem richtigen Staate das Gesetz im allgemeinen
herrsche und herrschen müsse, während der Regent (gleichviel ob einer oder mehrere), nur in besonderen Fällen,
welche der Gesetzgeber weder voraussehen noch mit Gewissheit bestimmen kann.⁵) Wie aber Thomas diesen Satz
in Betreff des Königthums versteht, zeigt eine Stelle, wo
er die aristotelische Bemerkung „eine Democratie, worin
nicht die Gesetze, sondern die Volksbeschlüsse herrschen,
sei mit Recht zu den unrichtigen Staatsformen zu zählen"
gegen eine mögliche Einwendung „das Königthum sei doch
eine richtige Staatsform, obwohl in ihm nicht das Gesetz,
sondern der Wille des Königs herrsche" vertheidigend behauptet, jede richtige, monarchische oder polyarchische
Regierung werde und müsse immer nach einer Regel, nach
einem Gesetze regiert werden, mit dem einzigen Unterschied,
dass diese Regel in einem polyarchisch regierten Staate

---

⁴) Ebendas. Lex proprie primo et principaliter respicit ordinem
ad bonum commune. Ordinare autem aliquid in bonum commune est vel
totius multitudinis, vel alicujus gerentis vicem totius multitudinis. Et
ideo condere legem vel pertinet ad totam multitudinem, vel pertinet ad
personam publicam, quae totius multitudinis curam habet; quia et in
omnibus aliis ordinare in finem est ejus, cujus est proprius ille finis.

⁵) Comm. z. Pol. lib. III, lect. 9, n: Dubitatio . . . ista . . . nihil
aliud manifestat, nisi qualiter lex dominetur in civitate et qualiter
princeps, sive sit unus sive plures . . . . Lex non fertur nisi in univer-
sali . . . non enim potest legislator praevidere omnia particularia, in
quibus lex potest deficere, et ideo quandoque deficit. In isto autem casu
princeps dominatur . . . . . oportet enim in civitate principem habere
regulam, per quam dirigatur in operationibus suis et dirigat alios, et per
quam judicet; hoc autem potest facere per legem. Quare oportet
legem principari. Et quia quandoque non potest per legem judicare,
quia lex deficit in aliquo casu, ideo apparet quod in isto casu oportet
principem corrigere, et ideo expedit quod in illo casu princeps dominetur.

äusserlich geschrieben sei, während sie in einer Monarchie innerlich, in dem Willen und in der Vernunft des Monarchen bestehe.[6]) Der Wille des Königs ist also das Gesetz. Auf dasselbe läuft hinaus, was wir bereits im § 11 auseinandergesetzt haben, dass nämlich die Gesetze nur für Gleiche Geltung haben, während derjenige, der allen Anderen an Tugend überlegen ist, und welchem deshalb die ungetheilte und lebenslängliche Herrschaft zukommt, nicht unter dem Gesetze, sondern über dem Gesetz gedacht wird, weil er selbst Gesetz sei.

§ 15. Gemischte Staatsform.

Die Schwierigkeit nun, wie dieser Absolutismus mit jenen gleichsam constitutionellen Ideen zu vereinigen ist, lässt sich kaum mit der Bemerkung aus dem Felde schlagen, dass wir es hier mit einer Schwankung in der Auffassung zu thun haben. Ebensowenig lässt sie sich aus der Beschaffenheit unserer Quellen erklären. Vielmehr begegnen wir hier derselben Erscheinung, wie bei Aristoteles. Wie nämlich dieser zwar der Theorie nach diejenige Königsherrschaft für die allerbeste Staatsform erklärt, worin der Herrscher allen anderen Bürgern an Tugend überlegen ist, in der Wirklichkeit aber dieser Theorie nicht treu bleibt, weil ein solcher Herrscher, ein Gott unter den Menschen,

---

[6]) Ibid. lib. IV, lect. 4. n: ubi est politia, leges principantur; sed in tali populari statu non principantur leges, sed sententia populi; ergo talis popularis status non est politia proprie. Sed aliquis argueret contra illud quod dicit (philosophus), quod ubi leges non praevalent, non est respublica, quia monarchia regalis politia est, tamen non est principatus secundum legem, sed secundum voluntatem et rationem principantis. Ad hoc posset aliquis dicere breviter . . . quod in omni politia recta principans dominatur secundum leges, quia in omni politia principatur aliquis secundum aliquam regulam, quam dicimus legem. Sed in quibusdam illa regula est interior, existens in voluntate et ratione, in quibusdam est extra, inscripto. In monarchia regali monarcha habet istam regulam, quae est in voluntate et ratione ejus, in politia polyarchica est extra, in scripto.

eine Seltenheit ist, und desshalb sich am Ende für eine
Aristocratie erklärt,[1]) so ist auch Thomas zwar der Theorie
nach ein Lobredner der absoluten Monarchie, worin ein
vollkommener, tugendhafter König regiert, in der Praxis
aber lässt er es dabei nicht bewenden, weil jene Alleinherrschaft ohne vollkommene Tugend sehr leicht in Tyrannei
ausarten kann, wie auch diese vollkommene Tugend selten
unter den Menschen zu finden ist.[2]) Nur darin weicht
Thomas von Aristoteles ab, dass er nach jener idealen Form
nicht die Aristocratie, wie dieser, als die nächstbeste erklärt,
sondern eine solche, die eine harmonische Mischung
(politia bene commixta) von Königthum, Aristocratie
und Democratie ist. Diesen schon bei Cicero[3]) vorkommenden Gedanken finden wir nicht mehr im Commentar
zur Politik, sondern in der Summa Theologiae, und zwar
an einer Stelle, wo die Frage erörtert wird, ob die Verordnungen des alttestamentlichen Gesetzes über die Verfassung zutreffend waren. Die bejahende Antwort wird
so begründet, dass zu einer guten Verfassung zweierlei in
Betracht zu ziehen sei, erstens dass alle Staatsbürger einigen
Antheil an der Regierung haben, weil nur dadurch das
Volk im Frieden gehalten und, mit der Verfassung zufrieden,

---

[1]) Polit. III. c. 10 (edit. ster. Tauch.). Vergl. Zeller, Philosophie
der Griechen II. Bd., 2. Abtheil., 3. Aufl., S. 719 ff.

[2]) Summa Theol. 1ᵃ 2ᵃᵉ, quaest. 105, art. 2: Regnum est optimum
regimen, si non corrumpatur. Sed propter magnam potentiam quae
conceditur, de facili regnum degenerat in tyrannidem, nisi sit perfecta
virtus ejus, cui talis potestas conceditur .... Perfecta autem virtus
in paucis invenitur.

[3]) De Republica I, 45: quod quum ita sit, tribus primis generibus
longe praestat, mea sententia, regium; regio autem praestabit id, quod
erit aequatum et temperatum ex tribus optimis rerum publicarum modis.
Placet enim esse quiddam in republica praestans et regale; esse aliud
auctoritati principum partum et tributum; esse quasdam res servatas
judicio voluntatibusque multitudinis. Ibid. II, 23: Statu esse optimo
constitutam rempublicam, quae ex tribus generibus illis, regali et optimati
et populari confusa modice. Vergl. Plato's Gesetze IV, 712 ff, wozu
Zeller Phil. d. Grie. II B. 2, S. 819 f, 3. Aufl.

dieselbe zu erhalten geneigt werde, und zweitens dass die
betreffende Staatsform eine richtige sei, wie z. B. das Königthum und die Aristocratie. Diesen beiden Erfordernissen
könne man aber nur dann Rechnung tragen, wenn man
diese Staatsformen mit der Volksherrschaft (Democratie)
vereinige, indem einerseits alle Staatsbürger ohne Ausnahme, als wahlberechtigt und wahlfähig, direct
oder undirect Theil an der Regierung nehmen können
(Volksherrschaft), und andererseits die Regierung des Staates tugendhaften Männern, und zwar die oberste Leitung
dem ausgezeichnetsten unter Allen (Königthum), und die
übrigen untergeordneten obrigkeitlichen Aemter den Anderen je nach der Tugend und Auszeichnung (Aristocratie)
übertragen werden.[4]) Diese, in manchen Punkten unseren
constitutionellen Principien sehr naheliegende und eine gewisse Fähigkeit des Volkes verlangende[5]) Staatsform betrachtet zwar Thomas, wie gesagt, nicht als ein Verfas-

---

[4]) 1ᵃ 2ᵃᵉ quaest. 105, art. 1: circa bonam ordinationem principum
in aliqua civitate vel gente duo sunt attendenda: quorum unum est ut
omnes aliquam partem habeant in principatu: per hoc enim conservatur
pax populi, et omnes talem ordinationem amant et custodiunt, ut dicitur
in 2 Polit., cap. 1. Aliud est quod attenditur secundum speciem regiminis
vel ordinationis principatuum; cujus cum sint diversae species, ut
Philosophus tradit in 3 Polit., cap. 5, precipuae tamen sunt regnum, in
quo unus principatur secundum virtutem; et aristocratia, id est potestas
optimatum, in qua aliqui pauci principantur secundum virtutem. Unde
optima ordinatio principum est in aliqua civitate vel regno,
in quo unus praeficitur secundum virtutem, qui omnibus
praesit; et sub ipso sunt aliqui principantes secundum vir-
utem; et tamem talis principatus ad omnes pertinet, tum
quia ex omnibus eligi possunt, tum quia etiam ab omnibus
eliguntur. Talis vero est omnis politia bene commixta ex regno, in
quantum unus praeest, ex aristocratia, in quantum multi principantur
secundum virtutem, et ex democratia, id est, potestate populi, in
quantum ex popularibus possunt eligi principes et ad populum pertinet
electio principum. Et hoc fuit institutum secundum legem divinam;
nam Moyses et ejus successores gubernabant populum, quasi singulariter
omnibus principantes, quod est quaedam species regni.

[5]) Siehe oben § 11, Anm. 1.

sungsideal, in Anbetracht aber der menschlichen Schwäche und Unvollkommenheit hält er sie für die beste, weil dadurch nicht allein die gerechten Ansprüche des Volkes berücksichtigt werden, sondern auch dem Missbrauch der obersten Gewalt am besten vorgebeugt werden könne.

§ 16. Die Grenzen des Gehorsams; Revolution.

Was ist aber zu thun, falls der König trotz dieser Verfassung in Tyrannei ausarten würde? Zu dieser Frage bieten unsere Quellen reichlichen Stoff dar. Ehe wir aber die eigentliche Frage nach dem Rechte der Revolution und des Tyrannenmords berühren, schicken wir einige allgemeine Bemerkungen des Thomas über das Verhältniss der Unterthanen zu ihren Oberen voraus, die uns in der Summa Theologiae entgegentreten. Danach ist Regel, dass der Unterthane seinem Oberen gehorchen soll, ausser 1) wenn der Befehl dieses dem Gebote einer höheren Macht entgegen ist, und 2) wenn sein Befehl ein solcher ist, worin der Untergebene seinem Oberen nicht untergeben ist, wenn nämlich der betreffende Befehl die Jurisdiction des Befehlenden überschreitet. Und überschreitet die menschliche Jurisdiction a) was zur inneren Bewegung des Willens gehört, worin der Mensch nur Gott zu gehorchen hat, und b) was zur Natur des Körpers gehört, was nämlich die Erhaltung desselben und Erzeugung von Nachkommenschaft anbelangt. So ist weder der Sklave seinem Herrn, noch der Sohn seinen Eltern in Bezug auf Eingehung einer Ehe oder Bewahrung der Keuschheit, oder Etwas ähnliches verbunden. Was dagegen der Mensch äusserlich durch den Körper zu errichten hat, was die Anordnung der Handlungen und der menschlichen Dinge betrifft, darin ist der Untergebene verbunden seinem Oberen zu gehorchen, und zwar gemäss der Art, wie ihm dieser vorgesetzt ist, wie z. B. der Soldat dem Feldherrn in dem, was zum Kriege, der Sklave in dem, was zur Ausführung der Sklavenarbeiten u. s. f. gehört.[1]) So verhält es sich auch mit dem Gehorsam der Unterthanen gegen die bestehende Obrigkeit, ausser wenn diese keine rechtmässige, sondern eine usurpirte ist.[2]) Die Empörung ist keine Regel; sie ist vielmehr eine Todsünde, wenn keine gerechte Ursache da ist. Sie widerstreitet der Einheit und dem Frieden der Gesellschaft; und da die Gesellschaft auf Grund des Rechts und des gemeinsamen Besten existirt, so widerstreitet sie dem Rechte und dem Gemeinwohl; und je mehr dadurch das gemeine Beste angegriffen wird, um so grösser

---

[1]) 2a 2ae, Quaest. 104, art. 5: Ex duobus potest contingere, quod subditus suo superiori non teneatur in omnibus oboedire. Uno modo propter praeceptum majoris potestatis .... alio modo ... si ei aliquod praecipiat (superior), in quo ei non subdatur. Dicit enim Seneca in 3 de Beneficiis cap. 20 etc. (siehe die Stelle § 10, Anm. 2). Et ideo in his quae pertinent ad interiorem motum voluntatis, homo non tenetur homini oboedire, sed solum deo. Tenetur autem homo homini oboedire in his, quae exterius per corpus sunt agenda; in quibus tamen secundum ea, quae ad naturam corporis pertinent, homo homini oboedire non tenetur, sed solum deo, quia omnes homines natura sunt pares, puta in his, quae pertinent ad corporis sustentationem et prolis generationem. Unde non tenentur nec servi dominis nec filii parentibus oboedire de matrimonio contrahendo vel virginitate servanda aut aliquo alio hujusmodi. Sed in his quae pertinent ad dispositionem actuum et rerum humanarum, tenetur subditus suo superiori oboedire secundum rationem superioritatis; sicut miles duci exercitus in his, quae pertinent ad bellum, servus domino in his, quae pertinent ad servilia etc.

[2]) Obgleich wir diese Ausnahme in einer Stelle finden, wo eigentlich von dem Gehorsam der Christen gegen die weltliche Obrigkeit die Rede ist, so hat sie doch eine allgemeine Geltung für den Menschen überhaupt, weil, wie Thomas selber die Frage daselbst bespricht, der Christ zuerst ein Mensch ist, und der Glaube an Christum nichts daran ändert. So 2a 2ae, quaest. 104, art. 6: Per fidem Jesu Christi non tollitur ordo justitiae, sed magis firmatur. Ordo autem justitiae requirit ut inferiores suis superioribus oboediant; aliter enim non posset humanarum rerum status conservari etc. Demgemäss wird erklärt: principibus saecularibus in tantum homo oboedire tenetur, in quantum ordo justitiae requirit. Et ideo, si non habeant justum principatum, sed usurpatum, vel si injusta praecipiant, non tenentur eis subditi oboedire; nisi forte per accidens, propter vitandum scandalum vel periculum.

und schwerer erscheint die Sünde der Empörung. Wo aber
ein Tyrann die oberste Gewalt inne hat, da ist man eigentlich kein Empörer (vielmehr ist der Tyrann ein solcher),
da hat man die gerechte Ursache zu revoltiren, da begeht
man keine Sünde, ausser wenn der Umsturz des Tyrannen
so von Statten geht, dass die Gesellschaft mehr Schaden
dadurch als durch die Regierung des Tyrannen leidet.[3]
Denselben Gedanken finden wir ausführlich im Fürstenregimente, es sei nämlich zuträglicher, wenn kein Uebermass von Tyrannis stattfindet, einen Tyrannen eine
Zeit lang zu dulden, als durch Auftreten gegen ihn die
Gesellschaft in viele Gefahren zu stürzen, die viel schlimmer
sind als die Tyrannei selbst.[4] Wenn aber dieselbe weder
Mass noch Ziel hat, und zugleich Macht und Aussicht für
den Umsturz des Tyrannen vorhanden ist, dann tritt unser
Theologe so entschieden für die Action auf, dass er im
Commentar zur Politik, den Philosophen weit hinter sich
lassend, erklärt, die Tugendhaften beginnen zwar keine

---

[3] 2ᵃ 2ᵃᵉ, quaest. 42, art. 2: seditio opponitur unitati multitudinis,
id est, populi, civitatis. vel regni. Dicit autem Augustinus (Civit. II,
c. 21) quod „populum determinant sapientes non omnen coetum multitudinis, sed coetum juris consensu et utilitatis communione sociatum."
Unde manifestum est unitatem, cui opponitur seditio, esse unitatem juris
et communis utilitatis. Manifestum est ergo quod seditio opponitur et
justitiae et communi bono, et ideo ex suo genere est peccatum mortale,
et tanto gravius, quanto bonum commune, quod impugnatur per seditionem, est majus quam bonum privatum, quod impugnatur per rixam. In
Betreff der Tyrannei wird hinzugefügt: regimen tyrannicum non est
justum, quia non ordinatur ad bonum commune ... et ideo perturbatio
hujus regiminis non habet rationem seditionis, nisi forte quando sic in-
ordinate perturbatur tyranni regimen, quod multitudo subjecta majus
detrimentum patitur ex perturbatione consequenti quam ex tyranni regimine. Magis autem tyrannus seditiosus est, qui in populo sibi subjecto
discordias et seditiones nutrit, ut totius dominari possit etc.

[4] I, 6: Si non fuerit excessus tyrannidis, utilius est remissam
tyrannidem tolerare ad tempus, quam contra tyrannum agendo multis
implicari periculis, quae sunt graviora ipsa tyrannide. Potest enim contingere, ut qui contra tyrannum agunt, praevalere non possint etc.

Empörung, falls sie keine gerechte Ursache und genügende Macht haben; wenn aber Beides vorhanden ist, so werden sie sich füglich (rationabiliter) gegen den Tyrannen erheben; sie würden im Gegentheil eine Sünde begehen, wenn sie es unterliessen.[5])

§ 17. Tyrannenmord.

Obwohl nun Thomas die Revolution gutheisst, so ist er doch entschieden gegen den Tyrannenmord. Das im alten Testamente vorkommende und von den Anhängern des Tyrannenmords vorgebrachte Beispiel Ajoth's, welcher den König von Moab tödtete und darauf Richter des Volkes wurde, erklärt er dahin, dass er nicht einen (obschon tyrannischen) Regenten seines Volkes, sondern einen Feind getödtet hat. Er führt dagegen aus dem Alten Testamente ein anderes Beispiel an, die Mörder eines abtrünnigen Königs von Juda, des Joas, welche nach dem Gesetze getödtet wurden.[1]) Besonders findet er den Tyrannenmord nicht in Uebereinstimmung mit dem Neuen Testamente. Nach Petrus müsse man nicht bloss guten und sanften, sondern auch mürrischen Herren unterthan sein; denn das sei eine Gnade, wenn man um Gottes willen ohne gerechten Grund Betrübnisse leide. Deshalb, fährt er fort, leisteten die von vielen römischen Kaisern so grausam verfolgten alten Chri-

---

[5]) Lib. V, lect. 1, d: Sed si ista concurrerent, quod haberent justam causam et potentiam et non esset detrimentum boni communis, moverent seditionem rationabiliter, et peccarent si non facerent.

[1]) Fürstenreg. I, 6: Si sit intolerabilis excessus tyrannidis, quibusdam visum fuit, ut ad fortium virorum virtutem pertineat tyrannum interimere seque pro liberatione multitudinis exponere periculis mortis. Cujus rei exemplum etiam in Veteri Testamento habetur. Nam Ajoth quidam Eglon, regem Moab, qui gravi servitute populum dei premebat, sica infixa in ejus femore interemit et factus est populi judex . . . Magis Ajoth judicandus est hostem interemisse, quam populi rectorem, licet tyrannum. Unde et in Veteri Testamento leguntur occisi fuisse hi, qui occiderunt Joas, regem Judae, quamvis a cultu Dei recedentem, eorumque filii reservati secundum legis praeceptum.

sten keinen Widerstand, sondern sie erlitten geduldig und beherzt den Tod für Christum.[2]) Er findet es endlich sehr bedenklich sowohl für die Regenten als für die Gesellschaft, wenn es dem persönlichen Gutdünken eines Jeden freistünde, die Regenten wegzuschaffen, auch wenn sie wirklich Tyrannen wären, weil derartiges Wagestück meist die Schlechten unternehmen, denen das Regiment eines Königs ebenso lästig erscheint, wie das eines Tyrannen. Das persönliche Gutdünken würde die Gesellschaft eher der Gefahr aussetzen, ihren König zu verlieren, als ihr das Mittel gewähren, sich den Tyrannen vom Halse zu schaffen.[3]) Wenn demnach Thomas dem persönlichen Gutdünken und der persönlichen Willkür keinen freien Spielraum lässt, so erkennt er doch der öffentlichen Autorität das Recht zu, Massregeln gegen die Tyrannei zu ergreifen. Steht das Wahlrecht einer Gesellschaft zu, so hat sie auch die Befugniss, den von ihr eingesetzen König abzusetzen, oder seine Macht einzuschränken, falls er diese missbrauchen würde. Eine solche Handlung der Gesellschaft ist keine Untreue an dem König. Da er sich untreu benommen hat, da er seinen Verpflichtungen gegen die Gesellschaft nicht nachgekommen ist, so ist es seine Schuld, wenn die Unter-

---

[2]) Ebendas.: Sed hoc apostolicae doctrinae non congruit. Docet enim nos Petrus non bonis tantum et modestis, verum etiam dyscolis dominis reverenter subditos esse; haec est enim gratia, si propter conscientiam dei sustineat quis tristitias, patiens injuste (1 Petr. 2, 18 f.) Unde cum multi Romani imperatores fidem Christi persequerentur tyrannice, magnaque multitudo tam nobilium quam populi esset ad fidem conversa, non resistendo, sed mortem patienter et armati sustinentes pro Christo laudantur.

[3]) Ebendas.: esset autem hoc multitudini periculosum et ejus rectoribus, si privata praesumptione aliqui attentarent praesidentium necem, etiam tyrannorum. Plerumque enim hujusmodi periculis magis exponunt se mali quam boni. Malis autem solet esse grave dominium non minus regum quam tyrannorum, quia, secundum sententiam Solomonis, „dissipat impios rex sapiens". Magis igitur ex hujus praesumptione immineret periculum multitudini de amissione regis, quam remedium de sublatione tyranni.

thanen den mit ihm abgeschlossenen Vertrag nicht halten.
Wenn aber das Wahlrecht nicht der Gesellschaft, sondern
einem, dem betreffenden Regenten übergeordneten Herrscher
zusteht, so hat man bei diesem Hülfe gegen die Tyrannei
zu suchen.[4]) Falls es aber keine menschliche Hülfe gegen
den Tyrannen gebe, dann müsse man, meint Thomas, seine
Zuflucht zum Könige der Könige, zu Gott, nehmen, der
zur rechten Zeit in der Trübsal hilft. Und da die Tyrannen nicht selten Gottesgeissel wegen des Volkes Sünden
seien, so müsse man die Verschuldung wegschaffen, wenn
man von der Plage des Tyrannen frei werden wolle.[5])

---

[4]) Ebendas.: Videtur autem magis contra tyrannorum saevitiam
non privata praesumptione aliquorum, sed auctoritate publica proceden-
dum. Primo quidem, si ad jus multitudinis alicujus pertineat, sibi providere de rege, non injuste ab eadem rex institutus potest destitui (so
lese ich statt des gewöhnlichen destrui) vel refrenari ejus potestas, si
potestate regia tyrannice abutatur. Nec putanda est talis multitudo in-
fideliter agere tyrannum destituens, etiam si eidem in perpetuum se ante
subjecerat, quia hoc ipse meruit, in multitudinis regimine se non fideliter
gerens. ut exigit regis officium, quod ei pactum a subditis non reservetur
... Si vero ad jus alicujus superioris pertineat multitudini providere
de rege, expectandum est ab eo remedium contra tyranni nequitiam. Sic
Archelai, qui in Judaea pro Herode patre suo regnare jam coeperat,
paternam malitiam imitantis, Judaeis contra eum querimoniam ad Caesa-
rem Augustum deferentibus, primo quidem potestas deminuitur etc. Ob
dabei unserem Theologen der Gedanke vorschwebt, dass die oberste Gewalt, an die sich das Volk in solchen Fällen zu wenden hat, die päpst-
liche ist, können wir mit Gewissheit nicht behaupten. Die Idee stimmt
mit der thomistischen Anschauung ganz überein.

[5]) Ebendas.: Quod si omnino contra tyrannum auxilium humanum
haberi non potest, recurrendum est ad regem omnium Deum, qui est ad-
jutor in opportunitatibus in tribulatione. Ejus enim potentiae subest
ut cor tyranni crudele convertat in mansuetudinem .... Sed ut hoc
beneficium populus a deo consequi mereatur, debet a peccatis cessare,
quia in ultionem peccati divina permissione impii accipiunt principatum, dicente Domino per Osee 13: „Dabo tibi regem in furore meo"
et in Job. 34 dicitur, quod regnare facit hominem hypocritam propter
peccata populi. Tollenda est igitur culpa, ut cesset a tyrannorum plaga.
Vergl. auch Cap. 10.

* § 18. Des Königs wahrer Lohn.

Der Besprechung des Tyrannenmords lässt Thomas im
Fürstenregimente (I, 7—11) die Frage folgen, welcher Beweggrund den König bei seiner Amtsthätigkeit leiten muss,
eine Frage, welche beim ersten Anblick den Schein ge-
winnt, als stehe sie in keiner Beziehung mit der vorhergehenden Auseinandersetzung; bei näherer Betrachtung ist
doch der enge Zusammenhang unleugbar. Nachdem der
Verfasser den Vortheil des Königthums für das Gemeinwohl erörtert und den Tyrannenmord für unstatthaft erklärt
hat, wendet er sich an den Regenten selbst, um zu zeigen,
dass es auch für ihn persönlich vortheilhaft ist, statt eines
Tyrannen ein König zu sein.[1]) Dass ein Regent sein persön-
liches Interesse nicht ausser Acht lassen kann, dies findet
Thomas natürlich und selbstverständlich, und, in Anbetracht
der schweren Aufgabe desselben, auch recht und billig; er
will nur untersuchen und zeigen, worin ein König sein
wahres Interesse und seinen angemessenen Lohn zu suchen
hat.[2]) Dieser Lohn steht ihm hoch genug, um ihn unter
den irdischen Gütern zu finden. Als solchen haben wohl
manche Philosophen den Ruhm und die Ehre bezeichnet;
und sie haben insofern Recht, da es viel erträglicher ist,
wenn ein Regent nach Ruhm und Ehre, als wenn er nach
Reichthum und Wollust strebe. Der wollüstige und geld-
gierige Fürst wird leicht zu einem Tyrannen, zu einem
Räuber und Schänder entarten, während diese Gefahr für
einen Ehrgeizigen und Ruhmsüchtigen nicht vorhanden
ist.[3]) Ruhm ist die gute Meinung, die man bei den Men-

---

[1]) Wie er selbst am Ende des Cap. 11 das Vorhergehende recapitu-
lirend sagt. Vergl. über die Stelle § 1, Anm. 2.

[2]) Fürsenreg. I, 7: Quoniam autem secundum praedicta regis est
bonum multitudinis quaerere, nimis videtur onerosum regis officium, nisi
ei aliquod bonum ex hoc proveniret. Oportet igitur considerare, quale sit
boni regis conveniens praemium.

[3]) Ebendas.: Quibusdam igitur visum est non esse aliud (sc. praemium regis), nisi honorem et gloriam. Unde et Tullius de Rep. definit

schen geniesst. Der Ehrgeizige also, wenn auch nicht aus
Lauterkeit der Gesinnung, so doch um Beifall bei den Ver-
ständigen und Urtheilsfähigen zu finden, wird alles thun
oder unterlassen, was ihnen gefallen oder missfallen kann.[4])
Obgleich nun dieser Beweggrund jenen vorzuziehen ist, so
ist er doch an und für sich kein empfehlenswerthes Ziel
für den König, einerseits weil er, als irdisches und vergäng-
liches Gut, kein den Mühen und Sorgen des Fürsten ent-
sprechender Preis ist, und andererseits weil der König, um den
Menschen zu gefallen, sich zum Sklaven jedes Einzelnen
herabwürdigen würde, während es doch sowohl in seinem
als in dem des Staates Interesse liegt, dass er seine Gross-
muth und seine Unabhängigkeit bewahre und für Gerechtigkeit Lob und Leben einsetze; dann wird ihm wahrer Ruhm
ungesucht zu Theil werden.[5]) Auch kann Uebermass von

---

principem civitatis esse alendum gloria; cujus rationem Aristoteles (in
lib. Eth.) assignare videtur; quia princeps, cui non sufficit honor et gloria,
consequenter tyrannus efficitur. Inest enim animis omnium, ut proprium
bonum quaerant. Si ergo contentus non fuerit princeps gloria et honore,
quaeret voluptates et divitias, et sic ad rapinas et subditorum injurias
convertetur ...... Quantum ex dictorum sapientum intentione apparet,
non ea ratione honorem et gloriam pro praemio principi decreverunt,
tamquam ad hoc principaliter ferri debeat boni regis intentio, sed quia
tolerabilius est, si gloriam quaerat, quam si pecuniam cupiat vel volup-
tatem sequatur.

[4]) Ebendas.: Hoc enim vitium virtuti propinquius est, cum gloria,
quam homines cupiunt, ut ajit Augustinus, nihil aliud sit quam judicium
hominum bene de hominibus opinantium. Cupido enim gloriae aliquod
habet virtutis vestigium, dum saltem bonorum approbationem quaerit et
eis displicere recusat. Paucis igitur ad veram virtutem pervenientibus,
tolerabilius videtur, si praeferatur ad regimen qui, vel judicium hominum
metuens, a malis manifestis retrahitur etc.

[5]) Ebendas.: Sed si hanc sententiam receperimus, plurima sequentur
inconvenientia. Primo namque hoc regibus dispendiosum esset, si tot
labores et sollicitudines paterentur pro mercede tam fragili; ......
deinde humanae gloriae cupido animi magnitudinem aufert; qui enim
favorem hominum quaerit, necesse est ut in omni eo, quod dicit aut facit,
eorum voluntati deserviat, et sic dum placere hominibus studet, fit servus
singulorum .... Nihil autem principem, qui ad bona peragenda instituitur,

Ehrgeiz zu tollkühnen Unternehmungen verleiten, welche
im Stande sind, die Sicherheit des Staates zu gefährden.⁶)
Endlich begünstigt die Ruhmsucht die Heuchelei. Da es
nämlich schwer und Wenigen gegönnt ist, durch wahre
Tugend die ihr gebührende Ehre zu erlangen, so werden
Viele, um das erstrebte Ziel erreichen zu können, sich mehr
des Scheins als des Wesens befleissigen, und so werden die
Könige zwar keine Räuber oder Ehrenschänder, wohl aber
anmassend und Heuchler sein.⁷) Wenn nun auch das
edelste unter den irdischen Gütern, die Ehre, nicht als angemessener Preis für des Königs Sorgen betrachtet werden
kann, so bleibt übrig, dass er seinen Lohn von Gott er-
warte, der seine Diener, die treuen und tugendhaften Könige,
mit der obersten Stelle in der himmlischen Seligkeit be-
lohnen wird.⁸) Wer, von diesem Gedanken durchdrungen,

---

magis decet quam animi magnitudo. . . . . . . Simul etiam est multitudini nocivum, si tale praemium statuatur principibus; pertinet enim ad
boni viri officium, ut contemnat gloriam sicut alia temporalia bona. Virtuosi enim et fortis animi est pro justitia contemnere gloriam sicut et
vitam; unde fit quoddam mirabile, ut, quia virtuosos actus sequitur gloria,
ipsa gloria virtuose contemnatur, et ex contemptu gloriae homo gloriosus
reddatur etc. Vergl. Summa Theol. 2ª 2ᵃᵉ, quaest. 131—133.

⁶) Ebendas.: Amplius ex cupidine gloriae periculosa mala proveniunt.
Multi enim, dum immoderate gloriam in rebus bellicis quaerunt, se ac
suos perdiderunt exercitus, libertate patriae sub hostibili potestate
redacta etc.

⁷) Ebendas.: Habet etiam cupido gloriae aliud sibi familiare vitium,
simulationem videlicet. Quia enim difficile est paucisque contingit veras
virtutes assequi, quibus solis honor debetur, multi gloriam cupientes virtutum simulatores fiunt. . . . . . Sicut igitur periculosum est multitudini,
si princeps voluptates et divitias quaerat pro praemio, ut raptor et
contumeliosus fiat, ita periculosum est, cum detinetur gloriae praemio, ne
praesumptuosus et simulator existat.

⁸) Ebendas. cap. 8: Quoniam ergo mundanus honor et hominum
gloria regiae sollicitudinis non est sufficiens praemium, inquirendum
restat, quale sit eidem sufficiens. Est autem conveniens, ut rex praemium
expectet a Deo. Minister enim pro suo ministerio praemium expectat a
Domino; rex autem populum gubernando minister Dei est . . . . remunerat
autem Deus pro suo ministerio reges etc.

darnach strebt, treu seine königlichen Pflichten zu erfüllen,
dem werden auch die irdischen Güter, Reichthum, Macht,
Ehre, Liebe der Unterthanen, Ruhm bei der Nachwelt, von
sich zu Theil werden, während der Tyrann nicht allein der
himmlischen Belohnung sich verlustig macht, sondern nicht
einmal der zeitlichen Güter gewiss und sicher ist; ja noch
mehr; er verfällt hinieden dem Hasse und vielleicht auch
der Rache der Menschen, und nach dem Tode dem uner-
bittlichen Strafgericht Gottes. So liegt es im eigenen
Interesse des Regenten, dass er sich den Unterthanen als
König, nicht als Tyrannen erweise.[9])

* b. Die Verwaltung des Staats.

* § 19. Die Hauptzüge der Staatsverwaltung.

Dieser Theil der politischen Lehre des Thomas, obgleich den Grundzügen nach entworfen, wurde doch in
unserer Hauptquelle, wie wir es schon gelegentlich bemerkt
haben,[1]) nicht ausgeführt. Wenn wir es trotzdem unternehmen, das unvollendet gebliebene aus unseren sonstigen
Quellen zu vollenden und zu reconstruiren, so müssen wir
natürlich den ursprünglichen Plan des Verfassers unserer
Betrachtung zu Grunde legen. Von dem Gedanken aus-
gehend, die Kunsterzeugnisse seien Nachahmungen der Natur,
nimmt er zum Vorbild der Staatsverwaltung die der Natur
eigenthümliche Regierung.[2]) Nun findet sich in der Natur
eine doppelte Leitung, die allgemeine, makrokosmische, und
die besondere, mikrokosmische, nämlich die Weltregierung
durch Gott, und die Leitung des Menschen durch die Ver-

---

[9]) Wir übergehen die ausführliche (capp. 8—11) Auseinandersetzung
und Begründung dieser Fragen, weil sie mehr moralischer Natur sind.

[1]) Vergl. die Einleitung Anmerk. 15.

[2]) Fürstenreg. I, 12: Quia ea, quae sunt secundum artem, imitantur
ea, quae sunt secundum naturam, ex quibus accipimus ut secundum rationem operari possimus, optimum videtur regis officium a forma regiminis
naturalis assumere.

nunft;³) und wie diese ein Abbild jener ist, so hat es dieselbe Bewandtnis mit der menschlichen Gesellschaft, mit
der Regierung derselben durch die Vernunft eines einzigen
Menschen.⁴) Wenn also die Stelle des Regenten im Staate
dieselbe ist, wie die Gottes in der Welt, oder die der Seele
im Leibe, so muss auch die Regierungsweise des Königs
eine ähnliche sein.⁵) Wie wir aber zwei göttliche Wirksamkeiten in der Welt unterscheiden, die Schöpfung und
die Regierung, und zwei Seelenwirkungen im Leibe, die
Gestaltung und die Bewegung desselben, so sind auch zwei
Wirksamkeiten des Königs in Bezug auf den Staat zu unterscheiden, die Gründung und die Regierung desselben.
Von diesen zwei Thätigkeiten gehört die zweite ganz besonders zum Amte des Königs, während die erste nicht für
jeden Regenten unentbehrlich ist, weil ja nicht alle Fürsten
Staaten von Neuem gründen. Doch ist auch diese von
Wichtigkeit, nicht bloss weil ohne vorhergehende Gründung
keine Regierung denkbar ist, sondern weil der Regierende
genau kennen muss, wie ein Staat gegründet wird, um ihn
in seinem Bestande erhalten und zum vorgesetzten Ziel
leiten zu können.⁶) Was die Regierung insbesondere be-

³) Ebendaselbst: Invenitur autem in rerum natura regimen et universale et particulare. Universale quidem, secundum quod omnia sub Dei
regimine continentur, quia sua providentia universa gubernat; particulare
autem regimen maxime quidem divino regimini simile est, quod invenitur
in homine, qui ob hoc minor mundus appellatur, quia in eo invenitur
forma universalis regiminis. Nam sicut universa creatura corporea et
omnes spirituales virtutes sub divino regimine continentur, sic et corporis membra et ceterae vires animae a ratione reguntur; et sic quodammo
se habet ratio in homine, sicut Deus in mundo.   ·

⁴) Ebendaselbst: Sed quia .... homo est animal naturaliter sociale
in multitudine vivens, similitudo divini regiminis invenitur in homine non
solum quantum ad hoc, quod per rationem regitur unus homo, sed etiam
quantum ad hoc, quod per rationem unius hominis regitur multitudo, quod
maxime pertinet ad officium regis etc.

⁵) Ebendaselbst: Hoc igitur officium rex se suscepisse cognoscat,
ut sit in regno, sicut in corpore anima, et sicut Deus in mundo.

⁶) Ebendas. I, 13: Oportet igitur considerare quid Deus in mundo
faciat; sic enim manifestum erit quid immineat regi faciendum. Sunt

trifft, so unterscheidet Thomas wiederum dreierlei Funktionen des Königs, solche nämlich, welche sich entweder auf die **zweckmässige Einrichtung**, oder auf die **sorgfältige Erhaltung**, oder endlich auf die **weitere Förderung** des bestehenden Staates beziehen.[7]) Da der letztgenannte Punkt nur kurz von Thomas berührt wird und der Hauptsache nach mit den übrigen Fragen zusammenfällt,[8]) so werden wir diese allein ins Auge fassen, und zuerst

* § 20. Die Neugründung eines Staates.

Zur Beantwortung dieser Frage zieht Thomas, dem Vorhergehenden gemäss, das Vorbild der Weltschöpfung zu, und unterscheidet darin erstens die Hervorbringung der Dinge, zweitens die geordnete Unterscheidung der Welttheile, drittens die Austheilung der verschiedenen Dinge an verschiedene Theile der Welt, und endlich die Fürsorge, dass reichliche Mittel für die Bedürfnisse der Einzelnen vorhanden sind.[1]) Danach muss sich die Gründung eines

---

autem universaliter consideranda duo opera Dei in mundo: unum, quo mundum instituit, alterum, quo mundum institutum gubernat. Haec etiam duo opera anima habet in corpore. Nam primo quidem virtute animae informatur corpus; deinde vero per animam corpus regitur et movetur. Horum autem secundum quidem magis proprie pertinet ad regis officium .... primum autem opus non omnibus regibus convenit. Non enim omnes regnum aut civitatem instituunt, in quo regnant, sed regno ac civitati jam institutis regiminis curam impendunt. Est autem considerandum, quod nisi praecessisset qui institueret civitatem aut regnum, locum non haberet gubernatio regni .... Similiter etiam ad gubernationis officium pertinet, ut gubernata conservet ac eis utatur ad quod sunt constituta. Non igitur gubernationis officium plene cognosci poterit, si institutionis ratio ignoretur.

[7]) Vrgl. die Einleitung, Anm. 15.

[8]) Fürstenreg. I, 15: Sic igitur bonae multitudinis institutioni tertium restat ad regis officium pertinens, ut sit de promotione sollicitus, quod fit, dum in singulis quae praemissa sunt, si quid inordinatum est, corrigere, si quid deest, supplere, si quid melius fieri potest, studet perficere.

[1]) Ebendaselbst I, 13: Ratio autem institutionis regni ab exemplo institutionis mundi sumenda est; in quo primo consideratur ipsarum

Reichs oder einer Stadt richten, mit dem einzigen Unterschiede, dass Gott Alles erst aus Nichts hervorbringt, während der Regent das nöthige Material, Menschen, Orte u. s. f., vorfindet und es nur verständig zu verwenden hat.[2]) Das erste nun, was hier in Betracht kommt, ist die Wahl eines angemessenen Ortes, wobei als massgebend zu betrachten sind die Gesundheit der Lage, die Fruchtbarkeit des Bodens, die Anmuth der Gegend und die Festigkeit der Stellung; und wenn es nicht möglich ist, diese Vorzüge alle an einem Orte zu finden, so müssen diejenigen entscheiden, welche am nothwendigsten sind.[3]) Von grossem Einfluss unmittelbar auf die körperliche, mittelbar aber auch auf die psychische Gesundheit der Bevölkerung ist ein gemässigtes Klima,[4]) sowie feine und gesunde Luft, reine Nahrungsmittel und gutes Wasser. Die Gesundheitsverhältnisse eines Ortes sind leicht an dem Gesundheitszustande und dem Aussehen der Bewohner (auch der Thiere) zu erkennen.[5]) Nicht minder wichtig ist die Fruchtbarkeit der Gegend, damit

---

rerum productio, deinde partium mundi ordinata distinctio; ulterius autem singulis mundi partibus diversae rerum species distributae videntur, ut stellae coelo, volucres aëri, pisces aquae, animalia terrae; deinde singulis ea, quibus indigent, abundanter divinitus provisa videntur.

[2]) Ebendaselbst: Institutor autem civitatis et regni de novo producere homines et loca ad inhabitandum et caetera vitae subsidia non potest, sed necesse habet his uti, quae in natura praeexistunt.

[3]) Ebendas.: Necesse est igitur institutori civitatis et regni, primum quidem congruum locum eligere, qui salubritate habitatores conservet, ubertate ad victum sufficiat, amoenitate delectet, munitione ab hostibus tutos reddat. Quod si aliquid de dicta opportunitate deficiat, tanto locus erit convenientior, quanto plura vel magis necessaria de praedictis habuerit.

[4]) Vergl. Ibid. II, c. 1.

[5]) Ebendas. cap. 2: Est et aliud signum, ex quo considerari potest loci salubritas, si videlicet hominum in loco commorantium facies bene coloratae appareant, robusta corpora et bene disposita membra, si pueri multi et vivaces, si senes multi reperiantur ibidem. E converso, si facies hominum deformes appareant, debilia corpora, exinanita membra vel morbida, si pauci et morbidi pueri, et adhuc pauciores senes, dubitari non potest locum esse mortiferum.

die Bevölkerung genügende Lebensmittel vom Lande selbst sich verschaffen könne. Wohl kann man dieselben auf dem Wege des Handels von allen Seiten herbeischaffen; allein es ist zweckmässiger und zuträglicher, wenn ein Land sich selbst genügt. Kriegsereignisse, Gefahren und Hindernisse des Verkehrs können leicht die Einfuhr verhindern und die Bevölkerung durch Mangel an Lebensmitteln zu Grunde richten.[6]) Grösser als dies findet Thomas die moralischen Gefahren des Handels und Verkehrs mit Ausländern.[7])

Was die Anmuth der Gegend betrifft, so rechnet Thomas dazu ausgedehnte Felder und Ebenen, Fruchtbäume, nahe Berge, Wälder und Flüsse, und erklärt die Nothwendigkeit derselben dahin, dass ohne solche Annehmlichkeiten schwerlich Einwohner anzuziehen oder die Vorhandenen vom Ausziehen abzuhalten seien.[8]) Doch wirkt auch hier die ethische Aufgabe des Staates regulirend ein, indem jede Gelegenheit zu übermässigen Vergnügungen als schädlich verworfen wird. Vergnügungen in geselligem Verkehr sind erlaubt, soweit sie als Würze zur Erholung dienen;[9]) wird aber das Ziel überschritten, so haben sie zur Folge Trübung des Urtheilsvermögens, Missachtung der Tugend, Verweichlichung, Feigheit und Trägheit mit allen daraus sich ergebenden Untugenden.[10]) Ueber den letzten Punkt, die Festigkeit der Stellung, geben uns unsere Quellen keine

---

[6]) Ebendas, cap. 3.

[7]) Näheres darüber im nächsten §.

[8]) Ebendas. cap. 4: Est etiam constituendis urbibus eligendus locus, qui amoenitate habitatores delectet. Non enim facile deseritur locus amoenus, nec de facili ad locum illum confluit habitantium multitudo, cui deest amoenitas, eo quod absque amoenitate vita hominis diu durare non possit. Ad hanc autem amoenitatem pertinet, quod sit locus camporum planitie distentus, arborum ferax, montium propinquitate conspicuus, nemoribus gratus et aquis irriguus.

[9]) Ebendas.: Opportunum est igitur in conversatione humana modicum delectationis quasi pro condimento habere, ut animus hominum recreetur.

[10]) Ebendaselbst.

weiteren Ausführungen, als die im ersten Buche des Fürstenregiments (c. 13) gegebene kurze Andeutung, dass sie der
Sicherheit vor Feindeu förderlich ist. Ebenso sind wir über
die übrigen Vergleichungspunkte lediglich auf die daselbst
kurzgefassten Andeutungen hingewiesen. Danach hat der
Regent an dem gewählten Orte verschiedene Plätze für
verschiedene Bedürfnisse zu bestimmen; wenn er z. B. ein
Königreich gründen will, so muss er untersuchen, wo Städte,
wo Meiereien, wo Festungen, wo Bildungsstätten, wo Ue-
bungsplätze, wo Messen u. s. f. am passendsten auzulegen
sind, oder wenn es sich um eine Stadt handelt, welcher Ort
für Gottesdienst, welcher für Gerichte, welcher für verschiedene Handwerker zu bestimmen ist. Hierauf muss er die
Menschen zusammenbringen und jedem den passenden Ort
je nach seinem Berufe anweisen. Endlich muss er dafür
sorgen, dass jedem hinlänglich zu Gebote steht, was ihm
nach seiner Lage und seinem Stande nothwendig ist.[11])

* § 21. Die Einrichtung des Staates. Wirthschaftspflege. Handel.

Wenn wir jetzt von der Neugründung eines Staates
zu der zweckmässigen Einrichtung eines schon vorhandenen
übergehen, so treten uns wiederum drei Punkte entgegen,
welche die Wirksamkeit des Regenten in Anspruch nehmen,
nämlich die Sorge für die Erhaltung der Eintracht und des
Friedens unter den Bürgern, die Aufsicht über die tugend-

---

[11]) Deinde necesse est, ut locum electum institutor civitatis aut
regni distinguat secundum exigentiam eorum, quae perfectio civitatis aut
regni requirit. Puta, si regnum instituendum sit, oportet providere quis
locus aptus sit urbibus constituendis, quis villis, quis castris, ubi consti-
tuenda sind studia litterarum, ubi exercitia militum, ubi negotiatorum
conventus, et sic de aliis, quae perfectio regni requirit. Si autem institutioni civitatis opera detur, providere oportet quis locus sit sacris, quis
juri reddendo, quis artificibus singulis deputandus. Ulterius autem oportet homines congregare, qui sunt congruis locis secundum sua officia de-
putandi. Demum vero providendum est, ut singulis necessaria suppetant
secundum unius cujusque constitutionem et statum.

hafte Lebensführung derselben, und die Bemühung, dass
die nöthigen Lebensmittel in hinlänglicher Menge immer
in Bereitschaft stehen.[1]) Da wir die Grundgedanken der
zwei ersten Punkte schon an anderer Stelle (§§ 3—4) erörtert haben, so werden wir hier nur den dritten, wirth-
schaftlichen Punkt ins Auge fassen. Dass Thomas die
Wichtigkeit der Frage nicht verkennt, ist klar, und dies
hängt damit zusammen, dass die sittliche Aufgabe des
Staats zwar die höchste, aber ohne die materielle, ökono-
mische, nicht erreichbar sei; es ist aber immer das ethische
Princip, welches, wie sonst, so auch hier sich geltend macht.
sobald es sich darum handelt, wie man dieser wirtschaft-
lichen Aufgabe nachzukommen hat. Der erste und sicherste
Weg dazu ist der, dass der Staat ein fruchtbares Land besitzt und durch Ackerbau sich selbst zu genügen weiss.
Allerdings kann man den Handel nicht ganz ausschliessen,
weil ja kaum ein Ort zu finden ist, der Alles in Ueberfluss
hervorbringen und jede Einfuhr von aussen unnöthig
machen könnte. Auch der Exporthandel ist oft nothwendig und heilsam, wenn an einem Orte Ueberschuss von
Lebensmitteln vorhanden ist. Obgleich nun der Handel
unentbehrlich ist, er muss doch mit Mass betrieben werden,
wenn er das Gemeinwohl nicht beeinträchtigen soll.[2]) Der
Handel bringt mit sich den Verkehr mit Ausländern; dieser
aber wirkt verwirrend und verderbend auf die einheimischen Sitten. Die Gefahr ist nicht geringer, wenn die

---

[1]) Ebendas. c. 15: Tertio vero requiritur, ut per regentis industriam
necessariorum ad bene vivendum adsit sufficiens copia. Vergl. über die
Stelle § 4, Anm. 1.

[2]) Ebendas. II, 3: Melius . . . est quod civitati victualium copia
suppetat ex propriis agris, quam quod civitas sit totaliter negotiationi
exposita. Nec tamen negotiatores omnino a civitate oportet excludi,
quia non de facili potest inveniri locus, qui sic omnibus vitae necessariis
abundet, quod non indigeat aliquibus aliunde allatis; eorumque, quae in
eodem loco superabundant, eodem modo redderetur multis damnosa copia,
si per mercatorum officium ad alia loca transferri non possent. Unde oppor-
tet quod perfecta civitas moderate mercatoribus utatur.

Bürger selbst den Handelsgeschäften nachgehen. Der Gewinn, worauf das Streben der Kaufleute geht, indem er die Habgier in die Herzen der Bürger einpflanzt, macht Alles käuflich im Staate, entfernt allmählich die Ehrlichkeit und führt den Betrug ein, stellt das eigene Interesse über das Gemeinwohl und macht jedem Streben nach Tugend ein Ende, weil die der Tugend allein gebührende Ehre Allen ohne Unterschied zu Theil wird. Ferner werden die Handelsleute, in Folge ihrer gemächlichen Lebensart, verweichlicht und zu kriegerischen Strapatzen untauglich. Desshalb ist Handelsgeschäft den Kriegern staatsrechtlich verboten. Der Umstand endlich, dass Kaufleute innerhalb der Stadtmauern leben, ist nachtheilig für den Staat, weil zahlreiche Vereinigungen von Menschen leicht Anlass zu Streitigkeiten und Unruhen geben, was nicht der Fall ist, wenn die Bevölkerung sich ausserhalb der Stadt aufhält.[3]) Wenn nun hier Thomas sein abschätziges Urtheil über den Handel auf die wirklichen oder vermeintlichen Folgen desselben stützt, so wird das nämliche Urtheil in der Summa Theologiae auch theoretisch begründet. Hier unterscheidet er zwei Arten von Tausch oder Handel, einen gleichsam natürlichen oder nothwendigen, sei es von Sache gegen Sache, oder von Sachen gegen Geld, welcher nichts anderes bezweckt, als die Besorgung der Lebensbedürfnisse, und einen anderen, oder von Sachen gegen Geld, von Geld gegen Geld, dessen Zweck lediglich der Gewinn ist. Die erste Art von Tausch ist kein Handel im eigentlichen Sinne, sondern nur ein Bedürfniss der Haushaltung oder der Staatswirthschaft, besorgt von Haus- oder Staatsverwaltern, denen es obliegt. – Die andere Art von Tausch ist dagegen das eigentliche Geschäft der Kaufleute. Jener ist löblich, dieser tadelnswerth, weil er der grenzenlosen und nie zu stillenden Gewinnsucht fröhnt.[4]) Es hängt dem Handel, an sich be-

---

[3]) Ebendaselbst. Vergl. über die Krieger 2ᵃ 2ᵃᵉ, quaest. 40, art. 2.

[4]) 2ᵃ 2ᵃᵉ, quaest 77, art. 4: Duplex est rerum commutatio, una quidem quasi naturalis et necessaria, per quam sc. fit commutatio rei ad

trachtet, ein Schimpf an, soweit er seinem Begriffe nach kein ehrenvolles oder nothwendiges
Ziel verfolgt. [5]) Daraus folgt es aber nicht, dass der Gewinn als solcher unerlaubt ist; wenn er an sich weder
ehrenvoll noch nothwendig ist, so fasst er ebenso seinem
Begriffe nach nichts Lasterhaftes oder der Tugend Ent-
gegengesetztes in sich. Wird also der Gewinn auf ein
nothwendiges oder ehrenvolles Ziel bezogen, so wird der
Handel erlaubt. Man muss sich nämlich auf den Handel
legen nicht aus Gewinnsucht, sondern aus gemeinnützlichen
Rücksichten, oder zum Unterhalt der eigenen Familie.
Daraus ergiebt sich natürlich, dass der erstrebte Gewinn
mässig und, als Lohn für die Arbeit, derselben entsprechend
sein muss. [6])

---

rem, vel rerum et denariorum propter necessitatem vitae, et talis commutatio non proprie pertinet ad negotiatores, sed magis ad oeconomicos
vel politicos, qui habent providere vel domui vel civitati de rebus necessariis ad vitam. Alia vero commutationum species est vel denariorum
ad denarios vel quarumcumque rerum ad denarios non propter res ne-
cessarias vitae, sed propter lucrum quaerendum. Et haec quidem negotiatio proprie videtur ad negotiatores pertinere, secundum Philosophum
lib. 1 Pol. cap. 6. Prima autem commutatio laudabilis est, quia deservit
naturali necessitati; secunda autem juste vituperatur, quia quantum est
de se, deservit cupiditati lucri, quae terminum nescit, sed in infinitum tendit.
Aehnlicher Unterschied zwischen divitae naturales und divitae artificiales
tritt uns entgegen in 1a 2ae, quaest. 2, art 1.

[5]) 2a 2ae quaest. 77, art. 4: Ideo negotiatio, secundum se considerata,
quamdam turpitudinem habet, in quantum non importat de sui ratione
finem honestum vel necessarium.

[6]) Ebendas.: Lucrum tamen, quod est negotiationis finis, etsi in
sui ratione non importet aliquid honestum vel necessarium, nihil tamen
importat in sui ratione vitiosum vel virtuti contrarium. Unde nihil prohibet lucrum ordinari ad aliquem finem necessarium vel etiam honestum;
et sic negotiatio licita reddetur; sicut cum aliquis lucrum moderatum,
quod negotiando quaerit, ordinat ad domus suae sustentationem, vel etiam
ad subveniendum indigentibus; vel etiam cum aliquis negotiationi intendit propter publicam utilitatem, ne scilicet res necessariae ad vitam patriae
desint, et lucrum expetit non quasi finem, sed quasi stipendium laboris.

* § 22. **Zinsnehmen.**

Aus ähnlichem Gesichtspunkt erörtert Thomas manche handelsrechtliche Fragen, ob man z. B. eine Sache theurer verkaufen darf, als sie wirklich merth ist[1]) oder gekauft wurde,[2]) ob der Verkäufer gehalten ist, die Fehler der zu verkaufenden Sachen zu offenbaren und derartiges.[3]) Wir übergehen dies Alles, um das wichtigere ins Auge zu fassen, die Frage nach dem Zinsrecht. Sie wird in der Summa Theologiae besprochen, zerlegt in vier Artikel: 1) ob der Darleiher für sein Geld Zins nehmen darf; — 2) ob demselben erlaubt ist, irgend einen sonstigen Vortheil, gleichsam als Ersatz für das ausgeliehene Geld, zu verlangen; — 3) ob der Entlehner verpflichtet ist, dem Ausleiher zurückzuerstatten, was er mittelst des geborgten Geldes gewonnen hat, und 4) ob man Geld auf Zins entlehnen darf.[4]) Die erste Frage verneint Thomas, und zwar auf Grund einer Argumentation, deren Praemissen kurz ausgedrückt lauten wie folgt: Zinsnehmen heisst Preis für den Gebrauch nehmen; das Geld aber gehört zu den Sachen, welche zum Verbrauch, nicht zum Gebrauch bestimmt sind. Bei Sachen, die zum Verbrauch bestimmt sind, wie z. B. Wein, Weizen, kann man den usus von dem dominium nicht sondern, also auch nicht zwei Preise verlangen; die Sachen dagegen, welche zum Gebrauch bestimmt sind, und bei denen man den usus von dem dominium absondern kann, haben zwei Preise, einen für den Gebrauch und einen zweiten für das Eigenthumsrecht. Wer nun für ausgeliehenes Geld nebst Restitution desselben auch Zins nimmt, der handelt wie Einer, der zweimal eine Sache verkauft, welche nur einmal verkauft werden kann; er nimmt einen zweiten Preis, während kein zweiter Verkauf stattfindet, er zieht Vortheil

---

[1]) Ebendas. art. 1.

[2]) Ebendas. art. 4.

[3]) Ebendas. artt. 2 et 3.

[4]) 2ª 2ⁿᵉ, quaest. 78.

aus Nichts, er handelt gegen die Gerechtigkeit.[5]) Die Prämissen, aus denen dieser Schluss gezogen wird, sind irrthümlich. Der erste Satz entspricht allerdings der sprachlichen Bedeutung des Wortes u s u r a, welches die Zinsen als Abgabe des Schuldners für die Nutzung des entlehnten Geldes bezeichnet. Wie ginge es aber mit der sachlichen Definition, wenn man das andere Wort, das f e n u s, in Betracht zöge, welches den Zins als Ertrag des Kapitals (wie auch das griech. τόκος), oder als Gewinn des Darleihers bezeichnet? Grundfalsch ist die zweite Praemisse, welche die Konsumption der Dinge mit der Verwendung (distractio) des Geldes auf eine Linie stellt. Fehlerhaft sind auch die übrigen Behauptungen. Es ist eine μετάβασις εἰς ἄλλο γενος, wenn, was vom Verkauf gilt, ohne weiteres auf die mutuatio bezogen wird; wobei eine petitio principii kaum ausbleiben kann, weil die aufs Darleihen erfolgte Uebertragung des Eigenthums- und Verbrauchsrechts so aufgefasst wird,

---

[5]) Ebendas. art. 1: Accipere usuram pro pecunia mutuata est secundum se injusdum, quia venditur id quod non est; per quod manifeste inaequalitas constituitur, quae justitiae contrariatur. Ad ejus evidentiam sciendum est, quod quaedam res sunt, quarum usus est ipsarum rerum consumptio; sicut vinum consumimus eo utendo ad potum, et triticum, eo utendo ad cibum. Unde in talibus non debet seorsum computari usus rei a re ipsa; sed cuicumque conceditur usus, ex hoc ipso conceditur res; et propter hoc in talibus per mutuum transfertur dominium. Si quis ergo seorsum vellet vendere vinum et vellet seorsum vendere usum vini, venderet eamdem rem bis, vel venderet id quod non est; unde manifeste per injustitiam peccaret. Et simili ratione injustitiam committit qui mutuat vinum aut triticum, petens sibi dari duas recompensationes, unam quidem restitutionem aequalis rei, aliam vero pretium usus, quod usura dicitur. Quaedam vero sunt, quorum usus non est ipsa rei consumptio, sicut usus domus est inhabitatio, non autem dissipatio. Et ideo in talibus seorsum potest utrumque concedi... Pecunia autem secundum Philosophum (in 5 Eth. cap. 5. à med. et in 1 Pol. cc. 5 et 6) principaliter est inventa ad commutationes faciendas; et ita proprius et principalis pecuniae usus est ipsius consumptio, sive distractio, secundum quod in commutationes expenditur. Et propter hoc secundum se est illicitum pro usu pecuniae mutuatae accipere pretium, quod dicitur

als ob es von sich verstände, dass die Erwerbung dieses
Rechtes den Entlehner zu keiner anderen Gegenleistung
verpflichte, als zu der einstigen Zurückerstattung des
Aequivalents der benutzten Sache. Bei allen Fehlern der
Beweisführung müssen wir doch die edle Gesinnung nicht
übersehen, welche der verfochtenen Sache zu Grunde liegt.
Wenn diese Gesinnung bei Aristoteles und anderen Philosophen des Alterthums in der aristokratischen Gering-
schätzung des Erwerbstriebs der Menschen wurzelt, so hat
sie bei Thomas und den christlichen Denkern mehr einen
ethischen und philanthropischen Charakter. Um das
arge, die Noth der Leidenden[6]) unbarmherzig ausnutzende
Wuchertreiben einzuschränken, wird jedes Zinsnehmen als
solches verurtheilt und für eine Sünde erklärt, wobei man
natürlich die abweichenden Anordnungen der menschlichen
Gesetzgebung als eine Nachsicht gegen die menschliche
Schwäche bezeichnet.[7]) Diese Rücksicht auf die im Nach-
theil Stehenden geht so weit, dass unser Theologe bei der
Beantwortung der übrigen Fragen grössere Freiheit dem
Entlehner als dem Ausleiher zuerkennt. Während er dem
letzteren nicht allein das Zinsnehmen, sondern überhaupt
jeden Vortheil aus seinem Geld, ausser einem freiwilligen
Geschenke.[8]) verbietet, so hat er doch nichts dagegen,
wenn man um eines Guten willen, sei es im eigenen oder

usura. Et sicut alia injuste acquisita tenetur homo restituere, ita restituere
tenetur pecuniam, quam per usuram accepit.

[6]) Ebendas.: Qui dat usuram, non simpliciter voluntarie dat,
sed cum quadam necessitate, in quantum indiget accipere pecuniam mutuo, quam ille qui habet non vult sine usura mutuare.

[7]) Ebendas.: Leges humanae dimittunt aliqua peccata impunita
propter conditiones hominum imperfectorum .... et ideo usuras lex humana concessit, non quasi existimans eas esse secundum justitiam, sed ne
impedirentur utilitates multorum etc.

[8]) Ebendas. art. 2: Si vero accipiat aliquid hujusmodi non quasi
exigens, nec quasi ex aliqua obligatione tacita vel expressa, sed sicut
gratuitum donum, non peccat, quia etiam antequam pecuniam mutuasset,
licite poterat aliquod donum gratis accipere, nec pejoris conditionis efficitur per hoc, quod mutuavit.

eines Anderen Interesse, Geld auf Zins entleiht,[9]) oder wenn man von dem entlehnten Geld Gewinn zieht, ohne verpflichtet zu sein, den Lohn für seinen Fleiss dem Ausleiher zu erstatten.[10])

* § 23. Eigenthums- und Nothrecht.

Wenn nun diese Ansichten des Thomas über Handel und Zinsnehmen den neueren Anschauungen und Bestrebungen zuwiderlaufen, so streift seine Auffassung des Eigenthumsrechts an socialistische Denkweise an. Seiner Absicht nach ist er allerdings nichts weniger, als ein Anhänger Platos;[1]) aber die Sache ist im Keime in seinen Grundgedanken vorhanden. Die äusseren Güter, an und für sich betrachtet, haben keinen Werth; sie sind wünschenswerth, nur insofern sie zum physischen Leben und zu geistigen Zwecken erforderlich sind. Alles was darüber hinausgeht, oder den ethischen Zwecken zuwider ist, kann nicht erlaubt werden. Von diesem Standpunkt aus wird auch diese Frage betrachtet. An und für sich hat das Privateigenthum keine Berechtigung; seine Berechtigung hängt mit seiner Zuträglichkeit zu den besagten Zwecken zusammen. Die näheren Betrachtungen Thomas' darüber sind folgende: Er unterscheidet ein doppeltes Naturrecht, ein absolutes und ein relatives. Das erste hat der Mensch mit den Thieren gemein; dazu gehört z. B. die Erzeugung von Kindern, die Ernährung derselben durch die Eltern. Das relative Recht ist das Allgemeinmenschliche, das jus gentium, ein Recht, welches nicht an und für sich, sondern wegen

---

[9]) Ebendas. art. 4: Inducere hominem ad peccandum nullo modo licet; uti tamen peccato alterius ad bonum licet, quia et Deus utitur omnibus peccatis ad aliquod bonum . . . . Ita . . . nullo modo licet inducere aliquem ad mutuandum sub usuris; licet tamen ab eo, qui hoc paratus est facere et usuras exercet, mutuum accipere sub usuris propter aliquod bonum, quod est subventio suae necessitatis vel alterius.

[10]) Ebendas. art. 3.

[1]) Vrgl. Comm. z. Pol. lib. II, lect. 4 b. d.

seiner Nützlichkeit allgemeine Gültigkeit erlangt; und dazu
gehört das Eigenthumsrecht. Ein Acker, absolut betrachtet,
hat keinen Grund in sich, warum er diesem, und nicht
jenem gehört. Sobald man aber bedenkt, dass er besser
bebaut wird und Streitigkeiten über seinen Besitz aus-
schliesst, wenn er Eigenthum einer bestimmten Person ist,
überzeugt man sich, dass Privateigenthum zuträglicher sei,
als Gütergemeinschaft.[2]) Solche Nützlichkeitsgründe für
das Privateigenthum führt Thomas anderwärts drei an,
neben den zwei erwähnten (der sorfältigen Besorgung
und dem friedlichen Besitz der eigenen Sache) noch
ein drittes, dass nämlich die menschlichen Dinge mit besserer Ordnung verwaltet werden, wenn ein jeder ein
eigenes bestimmtes Geschäft betreibt, als wenn jeder unter-
schiedlos mit jeder beliebigen Beschäftigung sich abgiebt.[3])
Wenn demnach das Eigenthumsrecht lediglich auf solchen

---

[2]) 2ª 2ªe, quaest. 57, art. 3: Jus, sive justum naturale est
quod ex sui natura est adaequatum vel commensuratum alteri. Hoc
autem potest contingere dupliciter: uno modo secundum absolutam sui
considerationem; sicut masculus ex sui ratione habet commensurationem
ad feminum, ut ex ea generet, et parens ad filium, ut eum nutriat. Alio
modo aliquid est naturaliter alteri commensuratum, non secundum absolutam sui rationem, sed secundum aliquid, quod ex ipso sequitur, puta
proprietas possessionum; si enim consideretur iste ager absolute, non
habet unde magis sit hujus quam illius; sed si consideretur per respectum
ad opportunitatem colendi et ad pacificum usum agri, secundum hoc habet quandam commensurationem ad hoc, quod sit unius et
non alterius, ut patet per Philosophum in 2 Polit. cap. 3.

[3]) 2ª 2ªe quaest. 66, art. 2: Est etiam (propria possidere) necéssa-
rium ad humanam vitam propter tria: primo quidem, quia magis sollicitus
est unusquisque ad procurandum aliquid, quod sibi soli competit, quam
id quod est commune omnium vel multorum, quia unusquisque laborem
fugiens relinquit alteri id quod pertinet ad commune, sicut accidit in
multitudine ministrorum; alio modo, quia ordinatius res humanae trac-
tantur, si singulis imminet propria cura alicujus rei procurandae; esset
autem confusio, si quilibet indistincte quaelibet procuraret; tertio, quia
per hoc magis pacificus status hominum conservatur, dum unusquisque
re sua contentus est. Unde videmus quod inter eos, qui communiter et
ex indiviso aliquid possident, frequentius jurgia oriuntur.

Nützlichkeits- und Zweckmässigkeitsgründen beruht, so folgt daraus, dass es verändert, beschränkt oder gar aufgehoben werden kann, wo jene Bedingungen nicht erfüllt werden. Dass dieser Fall denkbar ist, liegt eben in der Menschennatur, in der Schwäche und Veränderlichkeit des menschlichen Willens, in Folge deren oft das an sich Gute und Zweckmässige in das Entgegengesetzte ausartet.[4]) Dabei ist es unerheblich, ob Thomas selbst diesen Schluss zieht oder nicht; er liegt in seinen Praemissen. Eine zweite Folge der thomistischen Betrachtungsweise ist, dass dieses relative Naturrecht dem absoluten weichen muss, sobald sie in Conflikt mit einander gerathen. Da nämlich nach dem absoluten Naturrecht jeder Mensch berechtigt ist, für seine Existenz irgendwie zu sorgen, so ist man nicht gebunden, im dringenden Nothfall das fremde Eigenthum zu respektiren, sondern man kann erlaubterweise, sei es heimlich oder offen, fremde Sachen sich aneignen, um seiner Noth abzuhelfen, ohne sich eines Diebstahls oder Raubs schuldig zu machen.[5]) Zu demselben Ergebniss gelangt er von einer anderen Seite. Bei der Beantwortung der Frage, ob es erlaubt ist, eine Sache als eigene zu besitzen, unterscheidet er

---

[4]) Vrgl. 2a 2ae, quaest. 57, art. 2.

[5]) Ebendas. quaest. 66, art. 7: Ea, quae sunt juris humani, non possunt derogare juri naturali vel juri divino. Secundum autem naturalem ordinem ex divina providentia institutum, res inferiores sunt ordinatae ad hoc, quod ex his subveniatur hominum necessitati. Et ideo per rerum divisionem et appropriationem, ex jure humano procedentem, non impeditur quia hominis necessitati sit subveniendum ex hujusmodi rebus; et ideo res, quas aliqui superabundanter habent, ex naturali jure debentur pauperum sustentationi .... Sed quia multi sunt necessitatem patientes, et non potest ex eadem re omnibus subveniri, committitur arbitrio uniuscujusque dispensatio propriarum rerum, ut ex eis subveniat necessitatem patientibus. Si tamen adesset evidens et urgens necessitas, ut manifestum sit instanti necessitati de rebus excurrentibus esse subveniendum (puta, cum imminet personae periculum et aliter subveniri non potest), tunc licite potest aliquis ex rebus alienis suae necessitati subvenire, sive manifeste sive occulte sublatis; nec hoc proprie habet rationem furti vel rapinae.

die Besorgung und Bewirtschaftung der äusseren
Dinge von dem Gebrauche derselben. Was die Besorgung betrifft, so ist das Privateigenthum, wegen den oben
erörterten Zweckmässigkeitsrücksichten, zulässig und nothwendig; was aber den Gebrauch anbelangt, so muss der
Eigenthümer die äusseren Dinge nicht als eigene betrachten,
sondern er muss dieselben den Bedürftigen mittheilen.[6]
Also beruht das Eigenthumsrecht auf keinen persönlichen
Rechtstiteln des Besitzenden; es ist weder von Seiten dieses
noch von derjenigen des Nothleidenden betrachtet ein sicheres
und unverletzbares. Es ist allerdings ein Diebstahl oder
ein Raub, und als solcher eine Todsünde, wenn Jemand
ohne Noth fremde Sachen sich aneignen würde;[7] allein
wenn der Eigenthümer seinen mit dem Eigenthumsrechte
verbundenen Pflichten nicht nachkommt, so verliert er eo
ipso sein Recht, und wer sich unter solchen Umständen an
fremdem Eigenthume vergreift, sei es um eigener oder um
eines Anderen Noth abzuhelfen, der begeht keine Sünde.[8]

* § 24. Finanzpflege. Steuern.

Die eigentliche Quelle, die wir über diese Frage besitzen, ist das in unserer Einleitung erwähnte Opusculum,
de Regimine Judaeorum ad Ducissam Brabantiae. Von den
8 Fragen, die darin zur Sprache kommen, beziehen sich 5
auf die Behandlung der Juden, und zwar die vier ersten
auf die Besteuerung derselben,[1] die sechste auf die Be-

---

[6] Ebendas.: art. 2: Circa rem exteriorem duo competunt homini:
quorum unum est potestas procurandi et dispensandi; et quantum ad
hoc licitum est quod homo propria possideat .... Aliud vero, quod competit homini circa res exteriores, est usus ipsarum; et quantum ad hoc
non debet homo habere res exteriores ut proprias, sed ut communes, ut
sc. de facili aliquis eas communicet in necessitate aliorum etc.

[7] Vrgl. Ebendas. art. 6.

[8] Ebendas. art. 7: In casu similis necessitatis etiam potest quis
occulte rem alienam accipere, ut subveniat proximo sic indigenti.

[1] Unbedeutend ist die letzte Frage, ob die Juden zu zwingen
sind, eine besondere Tracht zu tragen. Die Antwort ist bejahend.

steuerung der christlichen Unterthanen, die fünfte und siebente auf die Beamten, und zwar in ihrem Verhältnisse zu Finanzsachen. Unmittelbar wichtig für unseren Zweck ist die sechste allgemeine Frage nach dem Rechte der Fürsten, Steuern von ihren Unterthanen zu erheben. Es besteht eigentlich kein Zweifel darüber, dass der Regent bestimmte ordentliche Einkünfte haben muss, um sowohl seine eigenen Bedürfnisse als die des Staates bestreiten zu können. Wohl sind die Fürsten von Gott eingesetzt, nicht um ihren eigenen Vortheil zu suchen, sondern um den gemeinsamen Nutzen des Volkes zu besorgen; allein es ist natürlich und recht, dass sie nicht von eigenen, sondern von den gemeinsamen Mitteln leben und die Staatsgeschäfte besorgen. „Niemand dient um eigenen Sold“.[2]) Es fragt sich vielmehr, ob der Regent ausser den bestimmten ordentlichen Forderungen noch andere aussergewöhnliche Beisteuern ohne Sünde von seinen Unterthanen einfordern kann, falls seine Einkünfte nicht ausreichen würden. Er darf es, sagt Thomas, wenn solche Fälle eintreten, wo ausserordentliche Ausgaben eine entsprechende Vermehrung der Einkünfte nothwendig machen; wenn es, z. B. die Bewahrung der fürstlichen Würde verlangt, oder wenn es zum Kriege kommt, oder ein

---

[2]) De Regimine Jud.: Principes terrarum sunt a Deo instituti, non quidem ut propria lucra quaerant, sed ut communem populi utilitatem procurant . . . . Contingit tamen aliquando, quod principes non habent sufficientes reditus ad custodiam terrae et ad alia, quae imminent rationabiliter principibus expetenda; et in tali casu justum est ut subditi exhibeant unde possit communis eorum utilitas procurari. Et inde est, quod in aliquibus terris ex antiqua consuetudine domini suis subditis certas collectas imponunt, quae si non sunt immoderatae, absque peccato exigi possunt, quia secundum Apostolum „Nullus militat stipendiis suis“. Vrgl. Summa Theol. 2ª 2ᵃᵉ, quaest. 87, art. 1, wo er, das Zehntrecht der Geistlichkeit besprechend, sagt: quod enim eis, qui divino cultui ministrabunt ad salutem populi totius, populus necessaria victus ministraret, ratio naturalis dictat, sicut et his, qui communi utilitati invigilant, sc. principibus et militibus et aliis hujuscemodi, stipendia victus debentur a populo. Unde et Apostolus etc.

ähnlicher Fall eintritt.[3]) In solchen Fällen, wie er anderwärts auseinandersetzt, ist der Regent berechtigt auch zur Gewalt zu greifen, um sein Recht geltend zu machen.[4]) Wenn dagegen sein Beweggrund blosse Habsucht ist, oder wenn an der übermässigen Zunahme der Ausgaben er allein Schuld hat, so kann er gerechterweise von den Bürgern nichts fordern. Die Einkünfte der Fürsten sind gleichsam ihre Löhnung; sie müssen sich damit genügen lassen und nichts darüber verlangen, ausser wenn es das Gemeinwohl und aussergewöhnliche Bedürfnisse erheischen;[5]) und falls sie trotzdem mit Gewalt erpressen würden was ihnen nicht gebührt, so handeln sie wie Räuber, und ihre Sünde ist um so schwerer, als sie gefährlicher für das Gemeinwohl werden und dabei ihrem hohen Berufe entgegenhandeln.[6])

---

[3]) De Regim. Jud.: Unde princeps, qui militat utilitati communi, potest de communibus vivere et communia negotia procurare, vel per reditus deputatos, vel, si hujusmodi desint aut sufficientes non fuerint, per ea, quae a singulis colliguntur. Et similis ratio esse videtur, si aliquis casus emergat de novo, in quo oportet plura expendere pro utilitate communi, vel pro honesto statu principis conservando, ad quae non sufficiunt reditus proprii vel exactiones consuetae, puta si hostes terram invadant, vel aliquis similis casus emergat; tunc enim et praeter solitas exactiones possent licite terratum principes a suis subditis aliqua exigere pro utilitate communi.

[4]) 2ᵃ 2ᵘᵉ, quaest. 66, art. 8: Si principes a subditis exigant quod eis secundum justitiam debetur propter bonum commune conservandum, etiamsi violentia adhibeatur, non est rapina.

[5]) De Regim. Jud.: Si vero velint exigere ultra id, quod est institutum, pro sola libidine habendi, aut propter inordinatas et immoderatas expensas, hoc eis omnino non licet. Unde Johannes Baptista militibus ad se venientibus dixit. „Neminem concutiatis, nec calumniam faciatis, et contenti estote stipendiis vestris." Sunt enim quasi stipendia principum eorum reditus, quibus debent esse contenti, ut ultra non exigant, nisi secundum rationem praedictam, et si utilitas est communis.

[6]) 2ᵃ 2ᵘᵉ, quaest. 66, art. 8: Si vero aliquid principes indebite extorqueant per violentiam, rapina est.... unde ad restitutionen tenentur sic, ut latrones; et tanto gravius peccant, quam latrones, quanto periculosius et communius contra publicam justitiam agunt, cujus custodes sunt positi.

* § 25. Die Besteuerung der Juden.

Bei der Behandlung dieser Frage fasst Thomas ins Auge die geschäftliche und religiöse Stellung der Juden den Christen gegenüber. Einerseits treiben sie das arge und ungerechte Geschäft der Wucherei, und andererseits sind sie Feinde der Christen und Mörder Christi. Was das erste betrifft, so dürfen sie das Geld nicht behalten, was sie auf diesem Wege erworben haben; sie sind es denjenigen schuldig, von denen sie es erpresst haben; und da sie es freiwillig nicht erstatten, so kann es zwar nicht der Privatmann eigenmächtig, wohl aber die Obrigkeit mit Gewalt von ihnen wegnehmen.[1]) Was ihre religiöse Stellung anbelangt, so unterscheidet Thomas zwischen Theorie und Praxis, zwischen dem strengen Rechte und der christlichen Milde. Da sie nämlich wegen ihrer Verschuldung an Christus ewiger Sklaverei verfallen sind, so ist der Landesherr berechtigt ihr Vermögen einzuziehen und ihnen nur die nöthigen Lebensmittel zu überlassen. Allein die christliche Nachsicht und Milde macht es zur Pflicht, dass der Fürst die Juden nicht als Sklaven behandele und ihnen keine Zwangsdienste auflege, woran sie nicht gewöhnt sind, sondern dass er sich damit begnüge, Geld von ihnen zu erpressen, wenn ihn sonst andere Rücksichten nicht davon abrathen würden.[2]) Zieht man aber den Umstand in

---

[1]) **Ebendas.**: In tantum aliqui infideles res suas injuste possident, in quantum eas secundum leges terrenorum principum amittere jussi sunt; et ideo ab eis possunt per violentiam subtrahi, non privata auctoritate, sed publica.

[2]) **De Regim. Jud.**: Licet, ut jura dicunt, Judaei merito culpae suae sint vel essent perpetuae servituti addicti, et sic eorum res terrarum domini possint accipere tamquam suas, hoc tamen servato moderamine, ut necessaria vitae subsidia eis nullatenus subtrahantur; quia tamen oportet nos honeste ambulare etiam ad eos, qui foris sunt, ... hoc servandum videtur, ut, sicut jura determinant, ab eis coacta servitia non exigantur, quae ipsi praeterito tempore facere non consueverunt, quia ea quae sunt insolita, magis solent animos hominum perturbare.

Erwägung, dass alles Vermögen der Juden auf dem Wege
der Wucherei erworben, und als solches unrechtmässig
ist, so darf es der Fürst ebensowenig behalten und brauchen,
wie die ungerechten Erwerber selbst, ausser wenn es sich
um solches Geld handelt, welches die Juden von ihm selbst
oder von seinen Vorfahren erpresst haben.[3]) Käme es also
nur auf die religiöse Seite der Frage an, so würde die
christliche Nachsicht die rechtliche Strenge gehörigermassen
aufwiegen, und die Behandlung der Juden von Staatswegen
würde milder ausfallen. Allein ihr eigenes unrechtmässiges
Geschäft, das arge Wuchertreiben, macht ihnen den Gewinn
unsicher und das Leben sauer. Während der Regent aus
persönlichem Interesse das Vermögen der Juden nicht an-
tasten darf, weil es unrechtmässig, und als solches unbrauch-
bar ist, so hat er als obrigkeitliche Gewalt, als Wächter
der Gerechtigkeit, das Recht und die Pflicht, die Ueber-
vorteilung zu verhindern, die Beeinträchtigten zu beschützen
und das angethane Unrecht auszugleichen. Er muss also,
was die Juden unerlaubterweise erworben haben, von ihnen
wegnehmen und denjenigen zurückerstatten, von denen es
erpresst wurde; falls aber diese nicht mehr am Leben oder
nicht auszufinden sind, so muss er es für fromme und gemeinnützige Zwecke anwenden. Für ähnliche Zwecke darf
er auch von vornherein Geld von denselben erpressen.[4])

Secundum igitur hujus moderationis sententiam, secundum consuetudinem
praedecessorum vestrorum exactionem in Judaeos facere, si tamen aliud
non obsistat.
[3]) Ebendas.: Cum ea, quae Judaei per usuras ab aliis extorserunt,
ncn possint licite retinere, consequens est ut, si etiam vos haec acceperitis ab eis, non possetis licite retinere, nisi forsam essent talia, quae
a vobis vel antecessoribus vestris hactenus extorsissent.
[4]) Ebendas.: Siqua vero habent, quae extorserunt ab aliis, haec
ab eis exacta illis debetis restituere, quibus Judaei restituere tenebantur.
Unde si inveniuntur certae personae, a quibus extorserunt usuras, debet
eis restitui, alioquin debet in pios usus .... vel etiam in communem
utilitatem terrae, si necessitas immineat, vel exposcat communis utilitas,

Von diesem Standpunkt aus beantwortet Thomas auch die anderen ihm vorgelegten Fragen. Wenn ein Jude oder irgend ein Wucherer sich etwas zu Schulden kommen lässt, so muss er hauptsächlich zu einer Geldstrafe verurtheilt werden. Nur darf der Regent das Strafgeld nicht für sich behalten. Wenn er dabei Schaden leidet, so ist es seine Schuld, weil er die Juden nicht zu arbeiten nöthigt, sondern es ihnen frei stellt, auf dem Wege des Wucherns sich zu bereichern.[5]) Ebenso darf er kein freiwilliges Geschenk von einem Juden für sich behalten; er braucht es nicht zurückzuweisen; er muss es nur auf die besagten Zwecke verwenden. Nicht anders hat er zu handeln, wenn er von den Juden mehr eintreibt, als diese von den Christen erpresst haben; nach Abzug von dem schuldigen Teile muss der Rest für die nämlichen Zwecke angewendet werden.[6]) Wenn wir uns solchen Ansichten gegenüber mit Recht ablehnend verhalten, so wäre es doch unbillig, scharfes Urtheil über Thomas zu fällen. Wenn ihm eine Regentin solche Fragen zur Lösung vorlegt, so ist dies ein weiterer Beweis dafür, dass dieselben für die socialen Verhältnisse der damaligen Zeit von eminenter Wichtigkeit gewesen sein müssen. Bei aller

---

erogari; nec esset illicitum, si a Judaeis exigeretis talia de novo, servata consuetudine praedecessorum vestrorum, hac intentione, ut in praedictos usus expenderentur.

[5]) Ebendas.: Majori poena puniendus Judaeus, vel quicumque alius usurarius, quam aliquis alius, quanto pecunia, quae aufertur ei, minus ad eum noscitur pertinere .... Pecunia autem poenae nomine ab usurariis ablata retineri non potest. sed in usus praedictos debet expendi, si nihil habeant aliud quam usuras. Si vero dicatur, quod ex hoc principes terrarum damnificantur, hoc damnum sibi imputent, ut pote ex negligentia eorum proveniens. Melius enim esset, ut Judaeos laborare compellerent ad proprium victum lucrandum, sicut in partibus Italiae faciunt, quam quod otiosi viventes solis usuris ditentur, et sic eorum domini suis reditibus defraudentur. Ita enim et per suam culpam principes defrauderentur reditibus propriis, si permitterent suos subditos ex solo latrocinio vel furto lucrari.

[6]) Ebendas.

theoretischen Motivirung der herrschenden Ansichten von Seiten des Thomas müssen wir die Mässigung nicht verkennen, mit der er bemüht ist, denselben in der Anwendung die Spitzen womöglich abzubrechen. Diese Inconsequenz gereicht ihm um so mehr zur Ehre, als wir in unseren Tagen in eben dieser Frage bei ganz entgegengesetzten Anschauungen der Neuzeit eine entsprechende Gesinnung oft auch da vermissen, wo wir sie am meisten erwarteten.

* § 26. Die Erhaltung des Staates. Beamtenwahl.

Wie behufs der Einrichtung des Staates Thomas dreierlei verlangte (vrgl. § 21), so stellt er für die Erhaltung desselben drei Erfordernisse auf: 1) sorgfältige Beamtenwahl, 2) Rechts- und Justizpflege, und 3) Kriegsbereitschaft. Sie sollen drei Gefahren vorbeugen, denen der Staat ausgesetzt ist. Während er nämlich nicht auf eine kurze Zeit, sondern in der Absicht gegründet wird, damit er in alle Ewigkeit bestehe, sind die Menschen, denen die verschiedenen Staatsgeschäfte anvertraut werden, sterblich, und noch dazu, bei Lebzeiten den Wechselfällen des Lebens und des Alters ausgesetzt, so dass sie nicht immer dieselbe geistige und körperliche Frische besitzen, um ihren Amtsverrichtungen Genüge zu leisten.[1] Die zweite Gefahr liegt in der moralischen Schwäche der Menschen, darin, dass die Bürger aus Verkehrtheit oder Trägheit ihre Pflichten unterlassen, oder auch die Ordnung und den Frieden der Gesellschaft stören.[2] Die dritte Gefahr endlich ist die von

---

[1] Fürstenreg. I, 12: Sunt autem tria, quibus bonum publicum permanere non sinitur, quorum quidem unum est a natura proveniens; non enim bonum multitudinis ad unum tantum tempus institui debet, sed ut sit quodammodo perpetuum. Homines autem, cum sint mortales, in perpetuum durare non possunt. Nec dum vivunt semper sunt in eodem vigore, quia multis variationibus humana vita subjicitur; et sic non sunt homines ad eadem officia peragenda aequaliter per totam vitam idonei. Vrgl. 1ª 2ᵃᵉ, quaest. 96, art. 1.

[2] Vrgl. § 4, Anm. 3.

aussen, von Einfällen äusserer Feinde.[3]) Was nun die Abwendung der ersten Gefahr betrifft, so hat der Regent auch hier die göttliche Weltregierung sich zum Vorbild zu nehmen. Wie in der Welt die Continuität der Arten und die Integrität des Universums trotz der Vergänglichkeit der Einzelnen dadurch bewahrt wird, dass durch fortwährende Entstehung die Plätze der Vergehenden ausgefüllt werden, so muss der Regent dafür sorgen, dass die abgehenden Staatsbeamten regelmässig würdige Nachfolger finden.[4]) Wenn wir die nähere Ausführung dieser Gedanken in unserer Hauptquelle vermissen, so finden wir einen Ersatz dafür in dem soeben erwähnten Schriftchen über die Behandlung der Juden, worin u. A. auch die Stellung der Beamten sowohl dem Fürsten als den Unterthanen gegenüber zur Sprache kommt (vrg. § 24). Die wichtigere von den hier besprochenen Fragen ist, ob die Staatsämter zu verkaufen oder gegen Darlehn zu übertragen sind.[5]) Bei der Beantwortung der ersteren unterscheidet Thomas die Theorie von der Praxis, die principielle Zulassung von

---

[3]) Fürsteur. I, 15: Tertium autem impedimentum reipublicae conservandae ab exteriori causatur, dum per incursum hostium pax dissolvitur et interdum regnum aut civitas funditus dissipatur. Igitur circa tria praedicta triplex cura imminet regi.

[4]) Ebendas.: Primo quidem de successione hominum et substitutione illorum, qui diversis officiis praesunt, ut sicut per divinum regimen in rebus corruptibilibus, quia semper eadem durare non possint, provisum est, ut per generationem alia in locum aliorum succedant, ut vel sic conservetur integritas universi, ita per regis studium conservetur subjectae multitudinis bonum, dum sollicite curat, qualiter alii in deficientium locum succedant.

[5]) De Regim. Jud.: Quinto quaerebatis de balivis (vrgl. d. ital. balivo, balio, bali, franz. bailli, engl. bailiff) et officialibus vestris, si liceat eis officia vendere, vel mutuo ab eis recipere aliquid certum, donec tantum recipiant ex officiis. Es ist dies dieselbe Frage, wie bei den Kirchenämtern die sogenannte Simonie; worüber vrgl. 2ª 2ᵃᵉ, quaest. 100.

der praktischen Anwendung.[6]) Im Princip hat er nichts dagegen, wenn nur den Bewerbern die dazu gehörige Fähigkeit nicht abgeht, und zugleich der Kaufpreis so mässig ist, dass die Bewerber sich dadurch nicht veranlasst finden, das eingesetzte Geld durch Bedrückung der Unterthanen einzuziehen.[7]) Die Anwendung dagegen findet er durchaus bedenklich. Die Einführung einer derartigen Praxis würde eben diejenigen von den Staatsämtern ausschliessen, welche gewöhnlich die geeignetsten dazu sind, sei es weil sie arm sind, oder weil gerade die Besseren sich nicht entschliessen können, darum zu werben, und noch weniger Gewinn daraus zu ziehen. So würden meistens diejenigen zu den Aemtern gelangen, welche weniger fähig, und noch dabei ehrgeizig und geldgierig sind, und als solche würden sie die Unterthanen bedrücken und für den Regenten wenig sorgen. Daher ist es zuträglicher, ehrliche und tüchtige Männer zu den Aemtern zu wählen, und sie, wenn nöthig, auch wider ihren Willen dazu zu zwingen. Von ihrer Ehrlichkeit und ihrem Eifer wird der Regent mehr Vortheil haben, als von dem Verkauf der Aemter.[8]) Was die andere Frage anbe-

---

[6]) De Regim. Jud.: Quaestio ista duas difficultates habere videtur, quarum prima est de officiorum venditione. Circa quam considerandum videtur quod Apostolus dicit, quod multa licent, quae non expediunt.

[7]) Ebend.: Cum autem balivis et officialibus vestris nihil committatis, nisi temporalis officium potestatis, non video quare hujusmodi officia non liceat vobis vendere, dummodo talibus vendatis, de quibus possit praesumi, quod sint utiles ad talia officia exercenda, et non tanto pretio vendantur officia, quod recuperari non possit sine gravamine vestrorum subditorum.

[8]) Ebendas.: Sed tamen talis venditio expediens non videtur. Primo quidem quia contingit frequenter, quod illi qui essent magis idonei ad hujusmodi officia exercenda, sunt pauperes, ut emere non possint, et si etiam sunt dívites illi, qui meliores sunt, talia officia non ambiunt, nec inhiant ad lucra ex officio aquirenda. Sequitur igitur, quod ut plurimum illi officia in terra vestra suscipiant, qui sunt pejores, ambitiosi et pecuniae amatores, quos etiam probabile est subditos vestros opprimere, et vestra etiam commoda non sic fideliter procurare; unde magis videtur expediens, ut bonos homines et idoneos ad suscipiendum

langt, so ist nach Thomas keine Sünde, wenn der Regent
nachträglich Geld von den Beamten entlehnt, welches sie
aus ihrem Amte zurückerhalten können. Dagegen erklärt
er für einen Zinsvertrag, wenn das Entlehnen unter der
Bedingung geschieht, dass der Ausleiher ein Amt dafür be-
komme. Solch ein Amt, als ein Zinserwerb, ist kein recht-
mässiges; der Erwerber kann es erlaubterweise nicht ausüben; er muss es niederlegen.⁹) Statt selbst Veranlassung
zur Sünde und Ungerechtigkeit zu geben, muss der Regent
seine Beamten schwer strafen, wenn sie ihre amtliche Stelle
missbrauchen und die Unterthanen bedrücken würden. Was
sie widerrechtlich von den Bürgern erpressen würden, muss
von ihnen weggenommen, und entweder den Bedrückten
zurückerstattet, wenn sie zu ermitteln sind, oder für fromme
und gemeinnützige Zwecke angewandt werden.¹⁰)

* § 27. Rechts- und Justizpflege.

Gelegentlich haben wir schon diese Frage bei der Besprechung des Staatszwecks berührt und die Wichtigkeit
gezeigt, welche nach Thomas Gesetz und Gerechtigkeit für
das Gemeinwohl haben (vrgl. § 4). Hier haben wir die
Frage selbst ins Auge zu fassen und die thomistischen Ansichten darüber näher zu betrachten. Die Begriffe Gesetz
und Gesetzgebung, Gerechtigkeit und Gerichtswesen, die

---

vestra officia eligatis, quos etiam invitos, si necesse fuerit, compellatis,
quia per eorum bonitatem et industriam majora accrescent vobis et subditis vestris, quam de praedicta officiorum venditione acquirere valeatis;
et hoc consilium dedit Moysi etc.

⁹) Ebendas.: Secunda vero dubitatio circa hunc articulum esse
potest de mutuo. Circa quod dicendum videtur, quod si hoc pacto
mutuum dant, ut officium accipiant, absque dubio pactum est usu-
rarium. quia pro mutuo accipiunt officii potestatem; unde in hoc datis
eis occasionem peccandi, et ipsi etiam tunc tenentur resignare officio
taliter acquisito. Si tamen gratis officia dederitis et post ab eis mutuum
acceperitis, quod de suo officio possint recipere, hoc absque omni peccato
fieri potest.

¹⁰) Vrgl. Ebendas.: Septimo quaerebatis, si officiales etc.

wir hier zusammenfassen, werden in der Summa Theologiae in zwei besonderen Abschnitten behandelt, die Gesetze in der Prima Secundae (quaest. 90 sqq), und das Recht in der Secunda Secundae (quaest. 57 sqq). Recht und Gesetz sind Wechselbegriffe, und ihr Verhältniss zu einander fasst Thomas so auf, dass das Gesetz eine gewisse Form des Rechtes (aliqualis ratio juris) ist, dass wir im Rechte den inneren Grund, im Gesetze die äussere schriftliche Festsetzung der Norm und Regel haben, wonach wir uns richten müssen.[1]) Wir finden es daher natürlicher erst das Recht ins Auge zu fassen. Die Begriffe jus und justum, das Recht und das Gerechte bezeichnen immer ein Verhältniss zu Anderen,[2]) und zwar ein adaequates und angemessenes Verhalten, ein solches, wonach man den anderen gegenüber so handelt, wie man dem gegenseitigen Verhältnisse entsprechend handeln muss; man giebt mit anderen Worten Jedem das Seine. Wenn wir nun fragen, wie man in jedem einzelnen Falle handeln muss, damit seine Handlung den Anderen gegenüber angemessen sei, oder was man Jedem als das ihm Zukommende ertheilen muss, um dem Rechte gemäss zu handeln, so sagt Thomas, dieses Verhältniss sei entweder von sich selbst, von Natur bestimmt, oder es werde durch Uebereinkunft festgesetzt. Im ersten Falle haben wir das Naturrecht, jus naturale (wenn man z. B. soviel giebt, um ebensoviel zurückzuerhalten), im zweiten Falle das positive Recht, jus positivum. Im letzteren unterscheiden wir wiederum zwei Arten, das positive Privatrecht, wenn es durch Privatvertrag zu Stande kommt, und das öffentliche Recht, wenn es

---

[1]) 2a 2ae, quaest. 57. art. 1: Sicut eorum, quae per artem exterius fiunt, quaedam ratio in mente artificis praeexistit, quae dicitur regula artis, ita etiam illius operis justi, quod ratio determinat, quaedam ratio praeexistit in mente, quasi quaedam prudentiae regula; et hoc si in scriptum redigatur, vocatur lex. .... et ideo lex non est ipsum jus, proprie loquendo, sed aliqualis ratio juris.

[2]) Vrgl. 2a 2ae quaest. 58, art. 2.

durch öffentliches Uebereinkommen, durch Uebereinstimmung
des ganzen Volks, oder durch Anordnung des Regenten
festgesetzt wird.[3]) Ebenso ist das Naturrecht ein doppeltes,
ein absolutes, das allen lebenden Wesen überhaupt ge-
meinsame, und ein relatives, das aus Zweckmässigkeitsrücksichten allgemein unerkannte menschliche, das jus gentium, wie wir es schon bei der Besprechung des Eigenthumsrechts erörtert haben (vrg. § 23). Was das Werthverhält-
niss derselben betrifft, so liegt das Naturrecht höher, als
das positive. Bei Konflikten also des positiven Rechts mit
dem natürlichen wird der Mensch dem letzteren folgen;
ja, das positive Recht ist gültig nur insofern es dem natürlichen nicht zuwiderläuft.[4]) Ebenso verhält es sich mit den
beiden Unterarten; das jus gentium weicht dem obsoluten
Naturrecht, sowie das Privatrecht dem öffentlichen. Wir
würden etwa folgendes Schema haben:

jus naturale.   jus positivum vel civile.

absolutum } gentium   }   publicum } privatum.

---

[3]) 2ᵃ 2ᵃᵉ, quaest. 57, art. 2: Jus sive justum est aliquod opus
adaequatum alteri secundum aliquem aequalitatis modum. Dupliciter
autem potest alicui homini esse aliquid adaequatum: uno quidem modo
exipsa natura rei, puta, cum aliquis tantum dat, ut tantumdem recipiat,
et hoc vocatur jus naturale. Aliomodo aliquid est adaequatum vel
commensuratum alteri ex condicto, sive ex communi placito, quando scilicet
aliquis reputat se contentum, si tantum accipiat. Quod quidem potest
fieri dupliciter: uno modo per aliquod privatum condictum, sicut quod
firmatur aliquo pacto inter privatas personas; alio modo ex condicto
publico, puta cum totus populus consentit quod aliquid habeatur quasi
adaequatum et commensuratum alteri; vel cum hoc ordinat princeps,
qui curam populi habet et ejus personam gerit; et hoc dicitur jus positivum. Auch im göttlichen Rechte unterscheidet Thomas ein natür-
liches, dessen Gültigkeit in ihm selbst liegt, und ein positives, dessen
Bestimmungsgrund lediglich der göttliche Wille ist (ebendas.)
    [4]) Ebendas.: Voluntas humana ex communi condicto potest aliquid
facere justum in his, quae secundum se non habent aliquam
repugnantiam ad naturalem justitiam; et in his habet locum

Dieser Gliederung scheint zu widersprechen eine Stelle aus
der Prima Secundae (quaest. 95, art. 4), wo das positive
Recht in jus gentium und in jus civile eingetheilt wird.
Allein die Abweichung ist eine äusserliche. Hier wird die
Sache von gesetzlichem Standpunkt aus erörtert, und demnach ist das positive Recht der Inbegriff aller gesetzlichen Bestimmungen, sowohl deren, welche bei allen
Menschen angenommen sind, als blosse von sich er-
gebende Folgerungen aus dem Naturgesetz, als auch
deren, welche bei verschiedenen Staaten verschieden festgesetzt werden, eben deshalb, weil sie keine natürliche
Folgerungen, sondern besondere, von den jeweiligen Ver-
hältnissen abhängende Specificirungen des Naturgesetzes
sind.[5]) Während also der Kreis des positiven Rechtes in
Folge der gesetzlichen Auffassung sich erweitert, wird dagegen das jus gentium im engeren Sinne genommen, als
gesetzlich festgesetztes, und als solches fällt es natürlich
unter den Begriff des positiven Rechtes.

* § 28. Gesetze.*) Natürliches Gesetz.

Unter dem Gesetze versteht Thomas zunächst eine
Regel und Richtschnur der Handlungen. Die Richtschnur der menschlichen Handlungen ist nichts anderes als
die Vernunft. Die Vernunft aber richtet sich nach einem

jus positivum. . . . . . sed si aliquid de se repugnantiam habet ad jus
naturale, non potest voluntate humana fieri justum, puta si statuatur,
quod liceat furari, vel adulterium committere.

[5]) 1ᵃ 2ᵃᵉ, quaest. 95, art. 4: Est de ratione legis humanae, quod
sit derivata a lege naturae . . . . . et secundum hoc dividitur jus positivum in jus gentium et jus civile . . . . . Nam ad jus gentium pertinent
ea, quae derivantur ex lege naturae, sicut conclusiones ex principiis: ut
justae emptiones, venditiones et alia hujusmodi, sine quibus homines adinvicem vivere non possunt . . . . . quae vero derivantur a lege naturae
per modum particularis determinationis, pertinent ad jus civile, secundum
quod quaelibet civitas aliquid sibi accommode determinat.

*) Ueber die Gesetze vrgl. Ch. Jourdain, la philos. de St. Thomas
1 Bd. S. 363 ff. und Werner, d. heil. Thomas v. Aquino, 2. Bd. S. 540 ff.

Zwecke, und dieser letzte Zweck des menschlichen Lebens ist die Glückseligkeit. Wie aber überall der Theil, als das Unvollkommene, nach dem Ganzen, als dem Vollkommenen sich richtet, so muss auch die Glückseligkeit der Einzelnen der allgemeinen und gemeinsamen folgen. Es ist also das Gemeinwohl, worauf das Gesetz gerichtet ist.[1]) Wenn dem so ist, so kommt die Gesetzgebung nicht dem Einzelnen, sondern dem gesammten Volke, oder dem Leiter desselben.[2]) Ferner muss das Gesetz, um verbindlich zu sein, zur Kenntnis derjenigen gelangen, auf welche es sich bezieht.[3]) Demnach wird das Gesetz genauer definirt als eine Anordnung der Vernunft zum Gemeinwohl und von dem erlassen, welcher die Sorge für die Gemeinschaft hat.[4]) Allein dieses durch die menschliche Vernunft ermittelte Gesetz ist weder das einzige noch das ursprüngliche, Das erste und höchste Gesetz, die lex aeterna, ist die absolute göttliche Vernunft, welche die ganze Welt regiert und jedes Wesen zu seinem letzten Ziel leitet.[5]) Dieses ewige Gesetz ist die Quelle jedes anderen, und zunächst des Naturgesetzes, welches eben nichts anderes ist, als das Theilhaben der vernunft-

---

[1]) Vrgl. 1ª 2ªe, quaest. 90, art. 2: Lex pertinet ad id, quod est principium humanorum actuum, ex eo quod est regula et mensura. Sicut autem ratio est principium humanorum actuum, ita etiam in ipsa ratione est aliquid, quod est principium respectu omnium aliorum; unde ad hoc oportet quod principaliter et maxime pertineat lex. Primum autem principium in operativis, quorum est ratio practica, est finis ultimus. Est autem ultimus finis humanae vitae felicitas vel beatitudo .... rursus cum omnis pars ordinetur ad totum, sicut imperfectum ad perfectum (unus autem homo est pars communitatis), necesse est quod lex proprie respiciat ordinem ad felicitatem communem.

[2]) Vrgl. § 14, Anmm. 3 und 4.

[3]) 1ª 2ªe, quaest. 90, art. 4: Ad hoc, quod lex virtutem obligandi obtineat, quod est proprium legis, oportet quod applicetur hominibus, qui secundum eam regulari debent. Talis autem applicatio fit per hoc, quod in notitiam eorum deducitur ex ipsa promulgatione etc.

[4]) Vrgl. § 4, Anm. 5.

[5]) Vrgl. 1ª 2ªe, quaest. 91, art. 1. und quaest. 93, art. 1—4.

begabten Kreatur an jenem ewigen Gesetze, sowie
das der Menschenvernunft inwohnende lumen naturale, die
klare und natürliche Einsicht in das Gute und Böse, nichts
anderes ist, als ein Eindruck, eine impressio luminis divini
im Menschen.[6]) Die Hauptregel des Naturgesetzes ist:
Thue das Gute und meide das Böse; sie beruht auf dem
klaren und einleuchtenden Grundsatz der praktischen Vernunft: „Gut ist dasjenige, wonach Alles trachtet". Auf diese
Hauptregel lassen sich die besonderen Vorschriften des
Naturrechts zurückführen. Sie beziehen sich auf die verschiedenen natürlichen Triebe des Menschen, welche theils
ihm allein, theils auch den anderen Wesen eigen sind. Zu
diesen gehören die Selbsterhaltung, die Fortpflanzung, die
Ernährung der Kinder und ähnliches; zu jenen das Streben
nach dem Guten, nach Gotteserkenntniss und nach geselligem Leben. Diesen Neigungen gegenüber bethätigt
sich nun das Naturrecht, indem es gebietend oder verbietend
darauf dringt, dass man sowohl im eigenen als im fremden
Interesse das thue oder unterlasse, was den besagten Trieben
förderlich oder hinderlich ist.[7]) Demgemäss schreibt Thomas
dem Naturgesetze drei Eigenschaften zu. Es ist ein und
dasselbe bei Allen: d. h. Alle haben dieselbe unmittelbare und richtige Kenntniss von demselben. Es bleibt un-

---

[6]) Vrgl. Ebendas. quaest. 91, art. 2: lumen rationis naturalis,
quo discernimus quid sit bonum et quid malum, quod pertinet ad naturalem
legem, nihil aliud est, quam impressio luminis divini in nobis.
Unde patet, quod lex naturalis nihil aliud est, quam participa-
tio legis aeternae in rationali creatura.

[7]) 1ª 2ⁿᵉ, quaest. 94, art. 2: primum principium in ratione practica
est, quod fundatur supra rationem boni, quae est: Bonum est quod
omnia appetunt. Hoc est ergo primum praeceptum legis, quod bonum
est faciendum et prosequendum, et malum vitandum. Et super
hoc fundantur omnia alia praecepta legis naturae .... quia vero bonum
habet rationem finis, malum autem rationem contrarii, inde est quod
omnia illa, ad quae homo habet naturalem inclinationem, ratio naturaliter
apprehendit ut bona, et per consequens ut opere consequenda, et contraria
eorum ut mala et vitanda. Secundum igitur ordinem inclinationum
naturalium est ordo praeceptorum legis naturae etc.

verändert und unvermindert; es kann nur Zusätze,
aber keine Subtraktion zulassen. Es ist endlich unver-
tilgbar aus dem menschlichen Herzen.[8]) Allein dies
Alles, in dieser Allgemeinheit gefasst, gilt nur von den
ersten und allgemeinsten Grundsätzen. Je mehr wir aber
von Principien zu Folgerungen, von Unmittelbarem zu Ver-
mitteltem, von Allgemeinem zu Besonderem und Particulärem
herabsteigen, oder was auch so ausgedrückt werden kann,
je weiter wir von dem natürlichen Gesetze abgehen und
dem menschlichen näher kommen, um so mehr werden jene
Eigenschaften schwankend.[9])

* § 29. Menschliches Gesetz.

Das menschliche Gesetz nämlich ist nach Thomas
nichts anderes als positive, durch menschlichen Willen ver-
nunftmässig festgestellte Anordnungen,[1]) welche sich von dem
natürlichen Gesetz eben dadurch unterscheiden, dass sie
durch Mühe und Nachdenken aus diesem ermittelt und abgeleitet werden müssen, während die natürlichen Vorschriften
unmittelbar klar und einleuchtend sind. Diese Ermittelung
und Ableitung geschieht näher in doppelter Weise: einmal
durch blosse Folgerungen aus den allgemeinen Principien
des Naturrechts; wenn z. B. das Verbot der Mordthat ge-
folgert wird aus dem allgemeinen Gebot: man dürfe keinem
Menschen Böses zufügen; und zweitens durch nähere Bestimmungen der allgemeinen Grundsätze für besondere Fälle;
wenn z. B. der Rechtsatz: jeder Delinquent müsse bestraft

---

[8]) Selbstverständlich kommen die Ausnahmen nicht in Betracht;
sie können vorkommen, propter hoc, quod aliqui habent depravatam
rationem ex passione, seu ex mala consuetudine, seu ex mala habitudine
naturae: sicut apud Germanos olim latrocinium non reputabatur iniquum,
cum tamen sit expresse contra legem naturae, ut refert Julius Caesar
in libro 6 de Bello Gallico (quaest. 94, art. 4).

[9]) Vrgl. 1ᵃ 2ᵃᵉ, quaest. 94, art. 4—6.

[1]) Vrgl. 1ᵃ 2ᵃᵉ, quaest 97, art. 3: Lex humana proficiscitur a voluntate hominis ratione regulatâ.

werden, näher bestimmt wird durch Specificirung der verschiedenen Strafen für die verschiedenen Sünden. Während die letzteren Anordnungen des menschlichen Gesetzes nur statutarische Bedeutung und positive Geltung haben, kommt den ersteren noch dabei Etwas von der Kraft des Naturgesetzes zu. [2]) Wenn also das natürliche Gesetz sowohl die Quelle als den Gegenstand des menschlichen bildet, so ist die erste Folge davon, dass das letztere mit dem ersteren übereinstimmen muss, um Geltung und Verbindlichkeit zu erlangen. Diese Uebereinstimmung ist nicht so gemeint, als ob die beiden Gesetze sich am Umfang und Inhalt decken müssten. Bei aller Unveränderlichkeit des Naturgesetzes sind doch Zusätze nicht ganz ausgeschlossen. [3]) Nur müssen die Anordnungen des menschlichen Gesetzes den natürlichen nicht widerstreiten. Wenn dies der Fall ist, so ist das menschliche Gesetz kein Gesetz mehr, sondern eine Verdrehung und Verderbung des Gesetzes. [4]) Damit

---

[2]) Ebendas. quaest. 95, art. 2: A lege naturali dupliciter potest aliquid derivari: uno modo sicut conclusiones ex principiis, alio modo sicut determinationes quaedam aliquorum communium .... Derivantur igitur quaedam a principiis communibus legis naturae per modum conclusionum; sicut hoc quod est, non esse occidendum, ut conclusio quaedam derivari potest ab eo quod est, nulli esse faciendum malum; quaedam vero per modum determinationis, sicut lex naturae habet, quod ille qui peccat puniatur, sed quod tali poena vel tali puniatur, hoc est quaedam determinatio legis naturae. Utraque igitur inveniuntur in lege humana posita. Sed ea quae sunt primi modi, continentur in lege humana non tamquam sint solum lege posita, sed habent etiam aliquid vigoris ex lege naturali. Sed ea quae sunt secundi modi, ex sola lege humana vigorem habent.

[3]) 1ª 2ae, quaest. 94. art. 5: lex naturalis potest intelligi mutari dupliciter: uno modo per hoc, quod aliquid ei addatur; et sic nihil prohibet legem naturalem mutari; multa enim supra legem naturalem superaddita sunt ad humanam vitam utilia tam per legem divinam quam etiam per leges humanas.

[4]) Ebendas. quaest. 95, art. 2: Omnis lex humanitus posita in tantum habet de ratione legis, in quantum a lege naturae derivatur. Si vero in aliquo a lege naturali discordet, jam non erit lex, sed legis corruptio. Vrgl. 2ª 2ae, quaest. 60, art. 5.

hängt die andere Folge zusammen, dass in Konfliktfällen, wo die beiden Gesetze zwar nicht an und für sich, wohl aber aus zufälligen Umständen einander ausschliessen, das natürliche den Vorzug vor dem positiven hat.[5]) Wenn wir nun fragen, warum denn neben diesem besseren, in unserem Herzen geschriebenen und nie aus ihm vertilgbaren lebendigen Gesetze noch eine äussere, positive, dem natürlichen Gesetze in jeder Hinsicht nachstehende Gesetzgebung nothwendig ist, so weist Thomas darauf hin, dass wir in der Gesellschaft neben den Tugendhaften auch Boshafte, und in dem einzelnen Menschen neben den guten Anlagen auch schlechte Neigungen finden. Die Tugend, zu der uns das Gesetz leiten will, ist weder fertig vorhanden, noch entwickelt sie sich naturgemäss; sie verlangt Anstrengungen und freiwillige Entsagungen, zu denen nicht alle Menschen jederzeit geneigt sind, und insbesondere im Jugendalter, wo sie die heftigen Leidenschaften allzuleicht zu Verirrungen und Ausschreitungen verleiten. Es bedarf daher einer Disciplin, um denselben Schranken zu setzen. Für gutartige Menschen wird die ermahnende väterliche Disciplin ausreichen; dagegen müssen ungestüme und unverbesserliche Naturen durch strenge Zucht, durch Gewalt oder Furcht in Schranken gehalten werden, damit sie, wenigstens in dieser Weise, von Schlechtigkeit ablassend, einerseits die Ruhe der Anderen nicht stören, und andererseits selbst durch gezwungene Angewöhnung dazu gebracht werden, dass sie fortan von freien Stücken thun, was sie früher nur aus Furcht thaten. Solche zwingende Disciplin ist eben die Disciplin der Gesetze.[6]) Der Zweck also der positiven Gesetzgebung und der gesetzlichen Strafandrohung ist nach

---

[5]) Vrgl. was wir § 27, Anm. 4. über die Werthtaxation des Naturrechts und des positiven Rechts, und § 16, Anm. 1. über die Grenzen des Gehorsams bemerkt haben.

[6]) 1a 2ae, quaest. 95, art. 1: Homini naturaliter inest quaedam aptitudo ad virtutem; sed ipsa virtutis perfectio necesse est quod homini adveniat per aliquam disciplinam; sicut etiam videmus quod per aliquam

Thomas ein doppelter, einmal die Ruhe und Sicherheit der Gesammtheit, und zweitens die Disciplinirung und Besserung der Schlechten; sie verhalten sich zu einander nicht bloss wie Ursache und Wirkung, sondern sie stehen selbstständig nebeneinander. Trotz aller Aehnlichkeit darf die thomistische Auffassung der Gesetze nicht verwechselt werden mit der schon bei den Alten (Sophisten und Epicuräische Schule) geläufigen und in der Neuzeit von Hobbes ausgebildeten Theorie, wonach die Gesetze nichts anderes sind, als willkürliche, den Menschen aufgedrungene Satzungen, dazu berechnet, um durch die Furcht vor Strafen die Gesellschaft gegen das Unrecht zu schützen. Nach dieser Theorie rührt jeder Unterschied von Recht und Unrecht, von Tugend und Untugend, lediglich von der gesetzlichen Bestimmung her (νόμῳ oder Θέσει): das Gesetz schafft das Recht; nach der thomistischen Auffassung dagegen ist jener Unterschied ein natürlicher (Φύσει), und die Gesetzgebung schützt das Recht.[7]

* § 30. Gesetzgebung.

Wenn wir von der Grundlegung des menschlichen Gesetzes zur Gesetzgebung selbst übergehen, so haben wir

---

industriam subvenitur homini in suis necessitatibus . . . . ad hanc autem disciplinam non de facili invenitur homo sibi sufficiens, quia perfectio virtutis praecipue consistit in retrahendo homine ab indebitis delectationibus, ad quas praecipue homines sunt proni, et maxime juvenes, circa quos est efficacior disciplina. Et ideo oportet quod hujusmodi disciplinam, per quam ad virtutem pervenitur, homines ab alio sortiantur Et quidem quantum ad illos juvenes, qui sunt proni ad actus virtutum ex bona dispositione naturae, vel consuetudine vel magis divino munere, sufficit disciplina paterna, quae est per monitiones. Sed quia inveniuntur quidam protervi et ad vitia proni, qui verbis de facili moveri non possunt, necessarium fuit quod per vim vel metum cohiberentur a malo, ut saltem sic malefacere desistentes et aliis quietam vitam redderent et ipsi tandem per hujusmodi assuetudinem ad hoc perducerentur, quod voluntarie facerent quae prius metu implebant, et sic fierent virtuosi. Hujusmodi autem disciplina cogens metu poenae est disciplina legum. Unde necessarium fuit ad pacem hominum et virtutem, quod leges ponerentur etc.

[7]) Vrgl. Jourdain a. a. O. S. 370 f.

nach Thomas vier Punkte besonders ins Auge zu fassen:
die Erfordernisse, die Grenzen, die Aenderung der
positiven Gesetze, und endlich das Gewohnheitsrecht.
Wie das menschliche Gesetz einerseits auf einen Zweck,
das Gemeinwohl, gerichtet ist, und andererseits von höheren
Instanzen, dem göttlichen und dem natürlichen Gesetze bestimmt wird, so muss auch die Form der Gesetzgebung
diesen drei Bestimmungsgründen angemessen sein; sie muss
nämlich mit den göttlichen und natürlichen Forderungen
übereinstimmen und dem Gemeinwohl förderlich sein. Als
natürliche Forderungen bezeichnet Thomas nach Isidor von Se-
villa Gerechtigkeit, Möglichkeit, Naturgemässheit, Uebereinstimmung mit den einheimischen Sitten und den Zeit-
und Localverhältnissen.[1]) Gesetze, welche diese Bedingungen
erfüllen und die Befugniss des Gesetzgebers nicht über-
schreiten, sind gerecht, und als Ausfluss des ewigen Gesetzes verbindlich auch für das Gewissen. Sie sind dagegen ungerecht und büssen ihre Verbindlichkeit ein, wenn
sie den genannten Bedingungen nicht entsprechen. Trotz
dieser Ungültigkeit muss man zuweilen, um Anstoss oder

---

[1]) 1ᵃ 2ᵃᵉ, quaest. 95, art. 3: Lex humuna .... et est aliquid or-
dinatum ad finem et est quaedam regula regulata vel mensura men-
surata quadam superiori mensura; quae quidem est duplex, sc. divina
lex, et lex naturae .... finis autem humanae legis est utilitas hominum .... Et ideo Isidorus .... in conditione legis primo quidem
tria posuit: sc. quod religioni congruat, in quantum sc. est proportionata legi divinae; quod disciplinae conveniat, in quantum est
proportionata legi naturae; quod saluti proficiat, in quantum est
proportionata utilitati humanae. Et ad haec tria omnes aliae conditiones,
quas postea ponit, reducuntur; nam quod .... subditur: Justa,
possibilis, secundum naturam, secundum consuetudinem
patriae, locotemporique conveniens, reducitur ad hoc, quod conveniat disciplinae. Attenditur enim humana disciplina primum quidem quantum ad ordinem rationis, qui importatur in hoc, quod dicitur
justa. Secundo quantum ad facultatem agentium; debet enim esse
disciplina conveniens unicuique secundum suam possibilitatem, observata
etiam possibilitate naturae ... Tertio quantum ad debitas circumstan-
tias dicit: loco temporique conveniens.

Unruhe zu vermeiden, ein ungerechtes Gesetz befolgen, wenn es nur nicht zu Handlungen gegen das Gewissen nöthigt.[2]) Was die Grenzen der Gesetzgebung betrifft, so müssen wir Objekt und Inhalt derselben unterscheiden. Dem Objekt nach hat sie ein weites Gebiet; sie bezieht sich auf eine grosse Zahl von Personen, Sachen und Zeiten, weil eben diese Vielheit eine Grundbedingung jedes gesellschaftlichen Lebens ist. Wie der Staat nicht für eine kurze Zeit gegründet wird, so werden auch die Gesetze nicht auf bestimmte Jahre eingeführt. Wie das Staatswohl durch vielerlei Handlungen besorgt wird, so bezieht sich die Gesetzgebung auf eine Vielheit von Angelegenheiten. Wie endlich die Gesellschaft aus Vielen besteht, so sind die Vielen der Gegenstand der Gesetzgebung.[3]) Alle sind dem Gesetze unterworfen; die Fürsten selbst sind nur insofern ausgenommen, als keine Zwangsmittel gegen sie angewandt werden können.[4]) Dass sie auch Andere theil- und zeitweise davon dispensiren können, thut der Regel keinen Abbruch.[5]) Allein eben diese Allgemeinheit bringt es mit sich, dass der Inhalt der Gesetzgebung beschränkt ist. Weil das Gesetz, seinem Begriffe nach, ein Richtmass für alle Personen und Handlungen ist, so kann der Gesetzgeber nur allgemeine Bestimmungen aufstellen. Die Specificirung und Anwendung derselben auf besondere und einzelne Fälle bleibt den Richtern und Sachverständigen anheimgestellt.[6]) Demgemäss kann das Gesetz weder alle Fehler noch alle Tugenden im Auge haben, sondern nur diejenigen, welche

---

[2]) Vergl. ebendas. quaest. 96, art. 4.

[3]) Ebendas. art. 1: Bonum . . . commune constat ex multis; et ideo oportet quod lex ad multa respiciat, et secundum personas et secundum negotia et secundum tempora. Constituitur enim communitas civitatis ex multis personis et ejus bonum per multiplices actiones procuratur; nec ad hoc instituitur, quod aliquo tempore modico duret, sed quod omni tempore perseveret per civium successionem etc.

[4]) Ebendas. art. 5.

[5]) Ebendas. quaest. 97, art. 6.

[6]) Ebendas. quaest. 96, art. 1. vrgl. quaest. 95, art. 1.

das Gemeinwohl unmittelbar berühren.⁷) Dass die menschlichen Gesetze einer A en d e r u n g fähig und bedürftig sind, hängt damit zusammen, dass nicht bloss d i e ä u s s e r e n Verhältnisse sich fortwährend verändern,⁸) sondern dass auch die menschliche Vernuft dem Entwickelungsgesetze unterworfen ist, wonach sie nur allmählich vom Unvollkommenen zum Vollkommenen fortschreitet.⁹) Indessen ist jede Aenderung der Gesetze mit grosser Vorsicht vorzunehmen, weil auch die geringste Aenderung im Stande ist, indem sie die bisherige Gewohnheit umstösst, die darauf beruhende Kraft und das Ansehen der Gesetze zu schwächen.¹⁰) Die Macht nämlich der Gewohnheit ist gross, und sie kann nicht bloss die bestehende Ordnung und Gesetzgebung unterstützen, sondern auch selbst Gesetzeskraft erlangen. Gewohnheitsrecht und positives Recht verhalten sich zu einander wie Handlungen und Worte; beide sind Willensäusserungen des Menschen, das Gesetz in Worten ausgedrückt, die Gewohnheit durch wiederholte Handlungen bethätigt.¹¹)

---

⁷) Ebendas. quaest. 96, artt. 2—3.

⁸) Ebendas. quaest. 97, art. 1: Lex recte mutari potest propter mutationem conditionum hominum, quibus secundum diversas eorum conditiones diversa expediunt.

⁹) Ebendas.: Humanae rationi naturale esse videtur, ut gradatim ab imperfecto ad perfectum perveniat. Unde videmus in scientiis speculativis quod, qui primo philosophati sunt, quaedam imperfecta tradiderunt, quae postmodum per posteriores sunt tradita magis perfecte. Ita etiam et in operabilibus; nam primi, qui intenderunt invenire aliquid utile communitati hominum, non valentes omnia ex se ipsis considerare, instituerunt quaedam imperfecta in multis deficientia, quae posteriores mutaverunt, instituentes aliqua, quae in paucioribus deficere possunt a communi utilitate. Vergl. Comm. z. Pol. lib. III, lect. 8, m.

¹⁰) 1ᵃ 2ᵃᵉ, quaest. 97, art. 2.

¹¹) Ebendas. art. 3: Lex humana proficiscitur a voluntate hominis ratione regulata. Sicut autem ratio et voluntas hominis manifestantur verbo in rebus agendis, ita etiam manifestantur facto ... Manifestum est autem quod verbo humano potest et mutari lex et etiam exponi, in quantum manifestat interiorem motum et conceptum rationis humanae;

* § 31. Gerichtswesen.

Die in den vorigen Paragraphen auseinandergesetzte
Rechtslehre des Thomas bildet gleichsam die Vordersätze,
aus denen sich seine Ansichten über das Gerichtswesen er-
geben. Seinem Hauptzwecke gemäss, die Gesellschaft gegen
die inneren Feinde der staatlichen Ordnung und des ge-
meinen Besten zu sichern, schreibt das menschliche Gesetz
die allgemeinen Regeln vor, wonach jede widerrechtliche
Handlung geahndet werden muss. Es ist nun die Sache
der Rechtspflege, jene Regeln vorkommenden Falls anzu-
wenden und den besagten Zweck faktisch zu verfolgen.
Nicht bloss das positive Recht, sondern auch das Naturrecht bildet die Grundlage des Gerichtswesens, sowohl mittelbar, als Quelle jenes, als auch unmittelbar, indem es in
allen Konfliktfällen die höhere Instanz ist.[1] Wie der
Einzelne im eigenen und speciellen Sinne gerecht[2]
ist, wenn er stätig in seinem Verhältnisse zu Anderen Jedem
das Seine, das ihm φύσει oder Θέσει gebührende giebt, so
handelt auch die Gesammtheit oder die sie vertretende
Obrigkeit gerecht, wenn sie immer und überall das nämliche Verhalten den einzelnen Staatsbürgern gegenüber be-
obachtet. Im ersten Falle haben wir die justitia commutativa (das aristotelische τὸ ἐν τοῖς συναλλάγμασι δίκαιον),
im zweiten Falle die justitia distributiva (das aristo-
tolische τὸ διανεμητικὸν oder τὸ ἐν ταῖς διανομαῖς δίκαιον).[3]

---

unde etiam et per actus maxime multiplicatos, qui consuetudinem effici-
unt, mutari potest lex et exponi, et etiam aliquid causari, quod legis
virtutem obtineat, in quantum scilicet per exteriores actus multiplicatos
interior voluntatis motus et rationis conceptus efficacissime declaratur.

[1] 2ᵃ 2ᵃᵉ, quaest. 60, art. 5, vergl. § 29.

[2] Im allgemeinen Sinne ist die Gerechtigkeit eine in allen
Tugenden enthaltene Tugend, insofern sie dieselben auf das Gemeinwohl richtet. Vrgl. 2ᵃ 2ᵃᵉ, quaest. 58, artt. 5 ff.

[3] Ebendas. quaest. 61, art. 1: Justitia particularis ordinatur ad
aliquam privatam personam, quae comparatur ad communitatem sicut
pars ad totum. Potest autem ad aliquam partem duplex ordo attendi :
unus quidem partis ad partem, cui similis est ordo unius privatae per-

Jene kommt bei dem gegenseitigen Verkehr der Einzelnen vor, und besteht darin, dass Jedem nach arithmetischer Proportion soviel zu Theil wird, als er leistet; dagegen drückt die justitia distributiva ein Verhältniss der Gesammtheit oder der öffentlichen Gewalt zu den Einzelnen aus, wonach der den Einzelnen von Staatswegen gewährte Antheil an Ehre oder materiellen Vortheilen nach geometrischer Proportion bestimmt wird, progressiv wachsend nach Masstab ihres Ranges und ihrer Bedeutung für das Ganze.[4]) Dieser Unterschied rührt davon her, dass in der justitia distributiva die Proportionsglieder nicht von gleichem Werth sind (Sache gegen Person), während bei der justitia commutativa die Glieder gleichartig sind (Sache gegen Sache, Handlung gegen Handlung u. s. w.).[5]) In der ausgleichenden Gerechtigkeit werden ferner nach Aristoteles zwei Arten von Ausgleichungen unterschieden, die freiwilligen und die unfreiwilligen. Die ersteren sind die vertragsmässig vor sich gehenden, die letzteren dagegen die widerrechtlich, mit Betrug oder Gewalt ausgeübten Vergreifungen gegen die Person oder das Eigenthum eines Anderen.[6]) Hätte Thomas diese ganze aristotelische Auffassung folgerichtig auf die vorliegende Frage angewandt, so würde die arithmetische Proportion auch für die Vergeltung solcher widerrechtlichen Vergreifungen massgebend sein. Auch bezieht er wirklich die Vergeltung, das contrapas-

---

sonae ad alium; et hunc ordinem dirigit commutativa justitia, quae consistit in his, quae mutuo fiunt inter duas personas adinvicem. Alius ordo attenditur totius ad partes, et huic ordini assimilatur ordo ejus, quod est commune ad singulas personas; quem quidem ordinem dirigit justitia distributiva, quae est distributiva communium secundum proportionalitatem.

    [4]) Vrgl. ebendas. art. 2.

    [5]) Ebendas. und art. 4.

    [6]) Ebendas. art. 3: Commutativa justitia est directiva commutationem, quae attendi possunt inter duas personas; quarum quaedam sunt involuntariae, quaedam vero voluntariae etc.

sum,[7]) nicht, wie Werner meint (a. a. O. S. 594), auf die
justitia distributiva, sondern wiederholt und ausdrücklich auf
die justitia commutativa. Allein er bemerkt mit Recht, dass
Gleiches gegen Gleiches, ein idem specie, nicht immer
der Gleichheit entspricht, und zwar aus dem Grunde nicht,
weil einmal nicht alle Staatsbürger den gleichen Rang und
die gleiche Stellung haben, und zweitens weil der widerrechtliche Angreifer der Person oder des Eigenthums eines
Anderen nicht bloss gegen diesen sündigt, sondern auch
gegen den Staat selbst, indem er die Sicherheit des von
demselben gewährten Schutzes erschüttert.[8]) Es ist daraus
zu ersehen, dass wie bei der Gesetzgebung, so auch bei der
Strafgerechtigkeit zwei Zwecke nebenher laufen, ein moralischer und ein utilitarischer, die Besserung der
Schlechten und die Sicherung der Gesellschaft gegen
das Unrecht. Dort wie hier liegt das Nützlichkeitsprincip
im Vordergrunde. Die Strafe als eine Forderung der Ge-

---

[7]) Das aristotelische ἀντιπεπονώς. Im Italienischen hat sich das
Wort in dem gleichen Sinne erhalten, contrappasso.
[8]) 2a 2ae, quaest. 61, art. 4: Contrapassum importat aequalem
recompensationem‚passionis ad actionem praecedentem; quod quidem pro-
prissime dicitur in passionibus et actionibus injuriosis, quibus personam
proximi laedit .... Et quia etiam auferre rem alterius est quoddam
injustum facere, ideo secundario etiam in his dicitur contrapassum, prout
sc. aliquis, qui damnum intulit, in re sua etiam ipse damnificatur ....
Tertio vero transfertur nomen contrapassi ad voluntarias commutationas,
in quibus utriusque est actio et passio .... In omnibus autem his debet
fieri secundum rationem justitiae commutativae recompen-
satio secundum aequalitatem, ut sc. passio recompensata sit aequalis actioni. Non autem semper esset aequalis, si idem‚specie aliquis
pateretur, quod fecit. Nam primo quidem cum aliquis injuriose laedit
alterius personam majorem, major est actio quam passio ejusdem speciei,
quam ipse pateretur; et ideo ille qui percutit principem, non solum re-
percutitur. sed multo gravius punitur. Similiter etiam cum quis aliquem
involuntarium in re sua damnificat. major est actio quam esset passio,
si ei sola res illa auferretur, quia ipse, qui damnificavit alium in re sua,
nihil damnificaretur; et ideo punitur in hoc, quod multiplicatius restituat,
quia non solum damnificavit personam privatam, sed etiam rem publicam, ejus tutelae securitatem infringendo.

rechtigkeit selbst, als eine Sühnung der Schuld zu betrachten liegt Thomas so fern, dass er die Todesstrafe lediglich vom utilitarischen Standpunkt aus zu rechtfertigen weiss.[9]) Die gänzliche Weglassung jener Seite ist allerdings auf den ersten Anblick auffallend, weil nach Thomas selbst die Vergeltung als solche nicht bloss eine in der Menschennatur wurzelnde Forderung des Rechtsgefühls, sondern auch ein wesentliches Merkmal der göttlichen Gerechtigkeit ist.[10]) Allein die Sache hängt mit der ganzen thomistischen Auffassung des Staates zusammen. Die Aufgabe des Staates ist eine sittliche, nur nicht in dem Sinne, dass er in abstracto die Verwirklichung von sittlichen Ideen verfolgt, sondern dass er die Menschen zum tugendhaften Leben erziehen und leiten will. Bei dieser Auffassung gehen natürlich die Mittel voran. Die Strafen dieses Lebens werden nicht für sich erstrebt, weil der jüngste Tag der Vergeltung nicht hienieden stattfindet; die zeitlichen Vergeltungen sind nur Heilmittel.[11])

* § 32. Das Richteramt.

Wenn wir nun nach der zweckmässigen Handhabung dieser Mittel fragen, so sind es insbesondere zwei Punkte, welche wir ins Auge fassen werden, die Richter und die Art des Richtens. Wie die Gesetzgebung, so ist auch das Richten keine Sache der Einzelnen, sondern ein obrigkeitliches Amt. Richten ohne öffentliche Vollmacht ist eine Usurpation, und als solche ohne verbindliche Kraft.[1])

---

[9]) 2a 2ae, quaest. 64, art. 2: Si aliquis homo sit periculosus communitati et corruptivus ipsius propter aliquod peccatum, laudabiliter et salubriter occiditur, ut bonum commune conservetur.

[10]) Vrgl. Summa theol. Pars I, quaest. 21.

[11]) 2a 2ae, quaest. 68, art. 1: Poenae praesentis vitae non per se expetuntur, quia non est hic ultimum retributionis tempus; sed in quantum sunt medicinales, conferentes vel ad emendationem personae peccantis, vel ad bonum reipublicae, cujus quies procuratur per punitionem peccantium. Vrgl. ebendas. quaest. 67, art. 3 und quaest. 33, art. 7.

[1]) Ebendas. quaest. 60, art. 6: Sicut lex condi non potest nisi publica auctoritate, ita nec judicium ferri potest nisi publica auctoritate;

Die richterliche Machtvollkommenheit steht der obersten Gewalt zu. Das Staatsoberhaupt ist der erste und oberste Richter; er allein besitzt das Begnadigungsrecht und kann es ausüben, wenn der Kläger und das allgemeine Beste nicht entgegen sind. Die übrigen Richter dagegen sprechen Recht in seinem Auftrag; ihnen kommt keine Straferlassung zu; sie sind an die Gesetze gebunden;[2]) sie dürfen und müssen sogar Milde und Mitleid ausüben, nur wenn die Strafe nicht gesetzlich bestimmt ist, sondern ihrem Ermessen zusteht;[3]) wie in Straferkenntniss, so auch im Entscheiden ist der Richter gehalten, den gesetzlichen Vorschriften zu folgen.[4]) Indess hat er auch hier ausnahmsweise das Recht und die Pflicht, den Buchstaben des Gesetzes zu umgehen und nach der Billigkeit zu entscheiden, wenn an sich gerechte Gesetze, für einige Fälle unzulänglich und nicht ohne Verletzung des natürlichen Rechtes anwendbar sind.[5]) Ebenso muss der Richter nicht nach seiner persönlichen Kenntnis der wahren Sachlage, sondern nach den vorgelegten Beweismitteln aburtheilen, weil

---

quae quidem se extendit ad eos, qui communitati subduntur. Et ideo sicut injustum esset ut aliquis constringeret alium ad legem servandam, quae non esset publica auctoritate sancita, ita etiam injustum esset, si aliquis compellat aliquem ferre judicium, quod publica auctoritate non fertur.

[2]) Ebendas. quaest. 67, art. 4 : Differt inter inferiores judices et supremum judicem, sc. principem, cui est plenaria potestas publica commissa. Judex enim inferior non habet potestatem absolvendi reum a poena contra leges a superiore sibi impositas . . . . Sed princeps, qui habet plenariam potestatem in republica, si ille, qui passus est injuriam, velit eam remittere, poterit reum licite absolvere, si hoc publicae utilitati viderit non esse nocivum. Vrgl. ebendas. art. 1.

[3]) Ebendas. art. 4: Misericordia judicis habet locum in his, quae arbitrio judicis relinquuntur; in quibus boni viri est ut sit diminutivus poenarum . . . . in his autem quae sunt determinata secundum legem divinam vel humanam, non est suum misericordiam ferre.

[4]) Ebendas. quaest. 60, art. 5.

[5]) Ebendas.: Sicut leges iniquae secundum se contrariantur juri naturali vel semper vel ut in pluribus, ita etiam leges, quae recte sunt

er im Gericht nicht als Privatperson, sondern als Obrigkeit fungiert.[6]) Noch weniger darf er sich von seinem
Verdacht verleiten lassen, wenn keine überzeugenden Beweise vorhanden sind. In zweifelhaften Fällen muss er
die Sache von der guten Seite aufnehmen.[7]) Wo endlich
kein Kläger ist, da ist auch kein Richter; der Richter kann nicht
aus eigenem Antrieb Jemand vor Gericht stellen und verurtheilen, auch wenn er Augenzeuge von einer Uebelthat
ist.[8]) Dass damit Thomas die Person des Richters allein
meint, ist klar. Offen bleibt die andere Frage, ob der
Staat selbst die Schuldigen aufsuchen und gerichtlich be-
langen darf, ob nämlich eine Institution, wie die Staats-
anwaltschaft, zulässig ist. Nur in anderer Form und in
Bezug auf die Einzelnen kommt diese. Frage zur Sprache,
und wird so beantwortet, dass ein Schluss auf unseren Fall
sehr nahe liegt. Anzeige behufs Besserung und Anklage
behufs Bestrafung, falls sie auf Wahrheit beruhen und bewiesen werden können, sind nicht nur erlaubt, sondern auch
geboten, wenn das betreffende Vergehen im Stande ist,
dem Gemeinwohl irgendwie, in materieller oder geistiger
Hinsicht, Schaden zu thun;[9]) die Enthüllung von Geheim-

---

positae, in aliquibus casibus deficiunt; in quibus si servarentur, essent
contra jus naturale. Et ideo in talibus non est secundum litteram legis
judicandum, sed recurrendum ad aequitatem, quam intendit legislator.

[6]) Ebendas. quaest. 67, art. 2: Judicare pertinet ad judicem, secundum quod fungitur publica potestate; et ideo informari debet in judi-
cando non secundum id quod ipse novit tamquam privata persona, sed
secundum id quod sibi innotescit tamquam personae publicae etc.

[7]) Ebendas. quaest. 60, artt. 3 u. 4: Ubi non apparent manifesta in-
dicia de malitia alicujus, debemus eum ut bonum habere, in meliorem
partem interpretando quod dubium est.

[8]) Vrgl. ebendas. quaest. 67, art. 3: Ex eo quod ipse judex videt,
non potest procedere ad sententiam ferendam, nisi secundum ordinem publici judicii, quod tenet locum accusatoris.

[9]) Ebendas. quaest. 61, art. 1: Haec est differentia inter denuntia-
tionem et accusationem, quia in denuntiatione attenditur emendatio fra-
tris, in accusatione autem attenditur punitio criminis . . . Et ideo si
crimen fuerit tale, quod vergat in detrimentum reipublicae, tenetur homo

nissen ist keine Untreue, wenn sie im Interesse der Gesammtheit geschieht.[10]) Wenn also der einzelne Bürger
verpflichtet ist, gemeinschädliche Thaten zur Kenntniss
der Gerechtigkeit zu bringen, so darf natürlich auch der Staat
selbst dafür sorgen. Allein wir haben noch bei Thomas
die antike Sitte und Anschauungsweise, wonach es bekanntlich den einzelnen Staatsbürgern freistand, als Kläger auf-
zutreten auf die Gefahr hin, selbst in Strafe zu verfallen,
falls die Anklage nicht durchgehen würde, was auch Thomas billigt.[11])

* § 33. Kriegsrecht.

Das letzte, was nach Thomas die **Erhaltung** des
Staates erheischt, ist die **Kriegsbereitschaft**, wodurch
die Gesellschaft gegen äussere, wie durch Rechts- und
Justizpflege gegen innere Feinde gesichert wird.[1]) Die
nähere Ausführung dieses Punktes geht uns gänzlich ab;
allein einigen Ersatz dafür geben uns die in der Summa
Theologiae enthaltenen Auseinandersetzungen des Thomas
über das **Kriegsrecht**. Obgleich Nachgiebigkeit und
Friedfertigkeit göttliche Gebote sind, und der Mensch immer von solchen Gesinnungen beseelt sein muss, so ist doch
der Krieg zuweilen nothwendig und erspriesslich für das
Gemeinwohl, ja für die Feinde selbst, wenn er ihnen die
Freiheit benimmt, Unrecht zu thun. Durch den Krieg
wird der schlechte und unsichere Friede sicher und dauer-

---

ad accusationem, dummodo sufficienter possit probare, quod pertinet ad officium accusatoris: puta cum peccatum alicujus vergit in multitudinis corrup-
telam corporalem seu spiritualem etc. Vrgl. ebendas. quaest. 33, art. 7.
[10]) Ebendas. quaest. 68, art, 1: Revelare secreta in malum personae
est contra fidelitatem, non autem si revelentur propter bonum commune,
quod semper praeferendum est bono privato.
[11]) Vrgl. ebendas. art. 4.
[1]) Fürstenreg. I, 15: Tertio imminet regi cura, ut multitudo sibi
subjecta contra hostes tuta reddatur. Nihil enim prodesset interiora
vitare pericula, si ab exterioribus defendi non posset.

haft gemacht.[2]) Der Krieg also ist erlaubt, nur muss er ein gerechter sein. Dazu gehört nach Thomas dreierlei: 1) die Ermächtigung des Fürsten; es kommt nicht den Einzelnen zu, Krieg zu beginnen; wie in allen Gebieten, so auch hier, hat der Regent die oberste Macht.[3]) 2) Ein gerechter Grund, dass nämlich die, welche bekriegt werden, durch ihre Schuld den Angriff verdienen; wobei natürlich auch die widerrechtlichen Handlungen von Einzelnen in Betracht kommen; denn ein Staat haftet für die Handlungen seiner Angehörigen und ist verpflichtet, die Ausschreitungen derselben selbst zu bestrafen und das geschehene Unrecht wieder gut zu machen.[4]) 3) Eine richtige Absicht: nämlich nicht aus Rachgier oder Herrschsucht und drgl., sondern lediglich um Gutes zu fördern und Schlechtes zu vermeiden, um den Frieden zu sichern, oder die Bedrängten zu erleichtern u. s. f. Wo dieses Erforderniss fehlt, auch wenn die zwei anderen vorhanden wären, ist der Krieg kein gerechter.[5]) Auf ähnliche Weise

---

[2]) 2a 2ae, quaest. 40, art. 1 : Illi qui juste bella gerunt, pacem intendunt; et ita paci non contrariantur, nisi malae etc.

[3]) Ebendas.: Ad hoc quod aliquod bellum sit justum tria requiruntur. Primo quidem auctoritas principis, cujus mandato bellum est gerendum. Non enim pertinet ad personam privatam bellum movere, qui potest jus suum in judicio superioris prosequi. Similiter etiam convocare multitudinem, quod in bellis oportet fieri, non pertinet ad privatam personam. Cum autem cura reipublicae commissa sit principibus, ad eos pertinet rempublicam civitatis vel regni seu provinciae tueri. Et sicut licite defendunt eam materiali gladio contra interiores perturbationes, dum malefactores puniunt, secundum illud Apostoli ad Rom. 13,4 . . . . ita etiam gladio bellico ad eos pertinet rempublicam tueri ab exterioribus hostibus etc.

[4]) Ebendas.: Secundo requiritur causa justa : ut sc. illi, qui impugnantur, propter aliquam culpam impugnationem mereantur. Unde Augustinus dicit in lib. 99: „justa bella solent definiri quae ulciscuntur injurias, si gens vel civitas plectenda est, quae vel vindicare neglexerit quod a suis improbe factum est, vel reddere quod per injuriam ablatum est."

[5]) Ebendas.: Tertio requiritur ut sit intentio bellantium recta; quae sc. intenditur vel ut bonum promoveatur, vel ut malum vitetur . . . .

wird anderwärts die Frage erörtert, ob Kriegsbeute ein
Raub sei oder nicht. Die Rechtmässigkeit der gemachten
Beute hängt von der Gerechtigkeit des Kriegs und von der
Absicht ab, mit welcher man im Kriege Beute macht. Wenn
der Krieg gerecht und dabei keine Begehrlichkeit nach
fremdem Gut mit im Spiel ist, so wird das Erbeutete gerechter Weise zum Eigenthum des Erbeuters. Es ist dagegen ein Raub, und als solcher dem Eigenthümer zu re-
stituiren, wenn die besagten Bedingungen nicht vorhanden
sind.[6]) Die Kriegslist betreffend, unterscheidet Thomas
zwei Fälle, einerseits das positive Lügen und den Bruch des
Versprechens, und andererseits die Versteckung der eigenen
Pläne. Der letztere Fall ist erlaubt, unstatthaft dagegen ist
der erstere; denn es giebt Kriegsrechte und Verträge,
welche auch die Feinde unter einander beobach-
ten müssen.[7]) Kriegsunternehmungen an Festtagen sind

Potest autem contingere, ut si sit legitima auctoritas indicentis bellum
et causa justa, nihilominus propter pravam intentionem bellum reddatur
illicitum. Dicit enim Augustinus (in lib. 22 contra Faustum cap. 74):
nocendi cupiditas, ulciscendi crudelitas, impacatus, implacabilis animus,
feritas rebellandi, libido dominandi et si qua sunt similia, haec sunt,
quae in bellis jure culpantur".

[6]) Ebendas. quaest. 66, art. 8: Si illi, qui depraedantur hostes,
habeant bellum justum, ea quae per violentiam in bello acquirunt, eorum
efficiuntur . . . . quamvis possint in acceptione praedae, justum bellum
habentes, peccare per cupiditatem, ex prava intentione, si sc. non propter
justitiam, sed propter praedam principaliter pugnant . . . . Si vero illi,
qui praedam accipiunt, habeant bellum injustum, rapinam committunt et
ad restitutionem tenentur.

[7]) Ebendas. quaest. 40, art 3 : Insidiae ordinantur ad fallendum
hostes. Dupliciter autem aliquis potest falli ex facto vel dicto alterius;
uno modo ex eo, quod ei dicitur falsum, vel non servatur promissum;
et istud semper est illicitum; et hoc modo nullus debet hostes fallere;
sunt enim quaedam jura bellorum et foedera etiam inter ipsos hostes
servanda, ut Ambrosius dicit in 1 de Officiis, cap. 29. Alio modo aliquis
potest falli ex dicto vel facto nostro, quia ei propositum aut intellectum
non aperimus. Hoc autem semper facere non tenemur . . . . et talis
occultatio pertinet ad rationem insidiarum, quibus licitum est uti in
bellis justis.

nicht verboten, wenn dringende Nothwendigkeit vorhanden
ist.[8]) Hingegen ist Bischöfen und Klerikern nicht gestat-
tet, als Kämpfer am Kriege Theil zu nehmen; nicht als
ob es an sich eine Sünde wäre, sondern weil es schlecht
mit ihrem geistlichen Charakter stimmt. Fürs erste nämlich sind Kriegsangelegenheiten mit vielen Besorgnissen verbunden, welche den Geist von der Betrachtung der göttlichen Dinge, sowie von den übrigen, dem Klerus eigenen
Pflichten abwenden, und zweitens ist es unstatthaft, dass
die zum Dienste des Altars bestimmten Personen Blut ver-
giessen müssen, während sie doch bereit sein sollten, sich
selbst für Christus zu opfern. Deshalb werden nach den
kirchlichen Anordnungen auch solche als unfähig (irregu-
lares) von geistlichen Aemtern ausgeschlossen, welche ab-
sichtslos und unschuldig Blut vergossen haben. Die Kleriker
sind Krieger im geistlichen Sinne, ausgerüstet mit geistlichen Waffen, um sowohl den geistlichen als den leiblichen
Feinden und Bedrückern der ihnen anvertrauten Herde zu
widerstehen. Mit diesen Waffen, Ermahnungen, Gebeten,
auch Excommunication gegen Widerspenstige, dürfen sie,
mit Ermächtigung ihrer Vorgesetzten, an den Kriegen Theil
nehmen und den Kämpfenden in Allem behülflich sein.[9])
Es war nicht nach dem Geschmack des Mittelalters, der
Geistlichkeit eine so bescheidene Rolle zu überweisen,
während sie in der Wirklichkeit einen so grossen Einfluss
auf die gewaltigsten Bewegungen der Zeit ausübte. Demgemäss erkennt auch Thomas dem Klerus das Recht und die
Pflicht zu, behufs Bewahrung und Förderung der kirchlichen
und geistlichen Interessen, Fürsten und Völker zu gerechten
Kriegsunternehmungen zu vermögen und zu veranlassen.[10])
Und in der That ist dieser leitende Einfluss der Geistlichkeit der einzig angemessene der hohen Stellung, welche

---

[8]) Ebendas. art. 4.
[9]) Ebendas. art. 2.
[10]) Ebendas.: Bella carnalia in populo fideli sunt referenda, sicut
ad finem, ad bonum spirituale divinum, cui clerici deputantur. Et

die mittelalterliche Kirche dem Staate gegenüber beanspruchte, und die auch Thomas derselben vindicirt, wie wir es gleich sehen werden.

II. Der Staat in seinem Verhältnisse zur Kirche.

§ 34. Unterordnung des Staates unter die Kirche.

Der bisher geschilderte Staat ist dem Thomas ein solcher, der auch ohne direkte Einwirkung der Gottheit, nur auf Grund der menschlichen Natur und Vernunft entsteht. Wenn hier irgendwo von göttlicher Einwirkung die Rede ist, so ist diese keine specielle, sondern eine allgemeine, keine unmittelbare, sondern eine mittelbare, insofern Gott, als Schöpfer der menschlichen Natur und Regierer des Weltlaufs, sich dabei betheiligt. Nicht anders als in diesem Sinne ist zu verstehen, was Thomas im Fürstenregimente oder auch anderswo, sich an den bekannten paulinischen Spruch (Röm. 13, 1) lehnend, über den göttlichen Ursprung der obrigkeitlichen Gewalt sagt, sie sei von Gott.[1]) Dass er damit eine allgemeine, ursprüngliche, in der Menschennatur wurzelnde göttliche Anordnung meint, zeigt am deutlichsten sein Commentar zum Römer-

---

ideo ad clericos pertinet disponere et inducere alios ad bellandum bella justa. Non enim interdicitur eis bellare, quia peccatum sit, sed quia tale exercitium eorum personae non congruit.

[1]) Fürstenreg. I, 8 : Rex populum gubernando minister Dei est, dicente Apostolo (Rom. 13,1), quod omnis potestas a Deo Domino est, et quod est Dei minister, vindex in iram ei, qui male agit. Et in libro Sapientiae reges Dei esse ministri scribuntur.

brief, wo er, denselben apostolischen Lehrspruch erklärend, die obrigkeitliche Gewalt nur an und für sich, in abstracto, als von Gott herrührend bezeichnet, während er in concreto den göttlichen Ursprung derselben von der Art und Weise abhängig macht, wie man in Besitz der Gewalt kommt und dieselbe ausübt. Ist nämlich die Besitzergreifung ordnungs- und gesetzmässig, und die Ausübung gerecht, so ist sie von Gott; widrigenfalls rührt sie von der menschlichen Schlechtigkeit her.[2]) Dasselbe bestätigt ein schon erwähntes (§ 16) und später zu erwähnendes thomistisches Princip, dass nämlich weder der Glaube noch der Unglaube der bereits bestehenden Herrschaft widerstreitet, weil dieselbe nach dem Völkerrecht, nach dem allgemein menschlichen Rechte eingeführt sei (dominium introductum est de jure gentium, quod est jus humanum). Thomas' Ansicht über den Staat ist die gleiche wie über die Philosophie als ein Product der natürlichen Vernunft. Das Verhältniss aber der Natur zur Gnade, der Philosophie zur Theologie besteht nach ihm einerseits darin, dass die Natur durch die Gnade, die Philosophie durch die Theologie nicht aufgehoben, sondern vervollkommnet wird (gratia naturam non tollit, sed perficit), und andererseits darin, dass die Natur und die Philosophie, als Vorstufe, als praeambula, dem Glauben und der Theologie dienen. Man konnte daher consequenterweise von vornherein ein ähnliches Verhältniss des Staates zur Kirche erwarten, was auch wirklich der

---

[2]) „Non est potestas nisi a Deo". Regia potestas vel cujuscumque alterius dignitatis potest considerari quantum ad tria: uno quidem modo quantum ad ipsam potestatem, et sic est a Deo; alio modo quantum ad modum adipiscendi potestatem; et sic quandoque potestas a Deo est, quando scilicet aliquis ordinate potestatem adipiscitur . . . . quandoque vero non est a Deo, sed ex perverso hominis appetitu, qui per ambitionem vel quocumque alio illicito modo potestatem adipiscitur. Tertio modo potest considerari quantum ad usum ipsius, et sic quandoque est a Deo, puta cum aliquis secundum praecepta divinae justitiae utitur consessa sibi potestate . . . . quandoque autem non est a Deo, puta cum aliqui potestate sibi data utuntur contra divinam jusritiam.

Fall ist. Die Kirche hebt den Staat nicht auf, sie vervollkommnet den Staat, beziehungsweise seine Aufgabe; der Staat steht nicht über der Kirche, noch neben der Kirche, sondern unter der Kirche; er dient der Kirche in ihren Aufgaben.

§ 35. Oberhoheit des Papstes.

Bei der Besprechung des Staatszweckes (§ 3) haben wir beiläufig bemerkt, dass es unserem Theologen ausser der diesseitigen, hauptsächlich in der Tugend bestehenden unvollkommenen Glückseligkeit, noch eine jenseitige, in Dei visione oder contemplatione bestehende vollkommene Glückseligkeit giebt, und dass diese das Ziel der Kirche ist, während jene das Ziel des Staates bildet. Fragen wir nun nach dem Grunde dieser Unterscheidung, so giebt uns Thomas zweierlei an, einmal nämlich, dass die tugendhafte Lebensführung eigentlich kein Endziel weder der Einzelnen noch der Gesellschaft, sondern nur ein relatives Ziel sei, welches wieder als Mittel zu dem Endziele, zur himmlischen Glückseligkeit diene,[1]) und zweitens, dass der Mensch zu dieser Glückseligkeit durch seine eigene Kraft nicht gelangen könne. Wäre dies möglich, so würde die Sorge dafür dem Staate und dessen Lenker anheimfallen. Da aber jenes Endziel nur durch göttliche Gnade erreichbar ist, so könne die Sorge dafür auch kein Mensch und keine menschliche Institution, sondern ein solcher tragen, welcher mehr als bloss Mensch ist, nämlich Christus und die von ihm herrührende königlich-priesterliche Gemein-

---

[1]) Fürstenreg. I, 14: quia homo vivendo secundum virtutem ad ulteriorem finem ordinatur, qui consistit in fruitione divina, ut super (in demselben Capitel) jam diximus, oportet eundem finem esse multitudinis humanae, qui est hominis unius. Non est ergo ultimus finis multitudinis congregatae vivere secundum virtutem, sed per virtuosam vitam pervenire ad fruitionem divinam. Vrgl. Summa contra Gent. lib. III, c. 34.

schaft, und zwar deren Ministerium, das eigentlich königliche Priesterthum, und insbesondere der Oberpriester, der Nachfolger Petri, der Stellvertreter Christi, der Römische Bischof.[2]) Die gleiche Beweisführung, die Nothwendigkeit eines göttlichen Gesetzes neben dem menschlichen betreffend, finden wir in der Summa Theologiae,[3]) während uns die Summa contra Gentiles die Beweise liefert, wie zur Einheit der Kirche ein Leiter und Regent, d. h. der Papst nothwendig sei.[4]) Da aber besagtermassen die Aufgabe der Kirche, und folglich auch deren Oberhauptes höher steht als die des Staates und dessen Oberhauptes, des Königs, da ferner je höher die Aufgabe steht, desto erha-

---

[2]) Fürstenreg. I, 14: Si quidem autem ad hunc finem perveniri posset virtute humanae naturae, necesse esset ut ad officium regis pertineret dirigere homines in hunc finem . . . . Sed quia finem fruitionis divinae non consequitur homo per virtutem humanam, sed virtute divina, juxta illud Apostoli Rom. 6, „gratia Dei vita aeterna" (ausführlich wird derselbe Gedanke in der Summa contra Gentiles lib. III, cc. 147—148 erörtert): perducere ad illum finem non humani erit, sed divini regiminis. Ad illum igitur regem hujusmodi regimen pertinet, qui non est solum homo, sed etiam Deus, sc. ad Dominum nostrum Jesum Christum, qui homines filios Dei faciens in coelestem gloriam introduxit. Hoc igitur est regimen ei traditum, quod non corrumpetur, propter quod non solum sacerdos, sed rex in Scripturis sacris nominatur . . . . Unde ab eo regale sacerdotium derivatur, et quod est amplius, omnes Christi fideles, in quantum sunt membra ejus, reges et sacerdotes dicuntur. Hujus ergo regni ministerium, ut a terrenis essent spiritualia distincta, non terrenis regibus, sed sacerdotibus est commissum, et praecipue summo sacerdoti, successori Petri, Christi vicario, Romano pontifici.

[3]) 1a 2ae, quaest. 91, art. 4: Si quidem homo ordinaretur tantum ad finem, qui non excederet proportionem naturalis facultatis hominis, non oporteret, quod homo haberet aliquid directivum ex parte rationis supra legem naturalem . . . . sed quia homo ordinatur ad finem beatitudinis aeternae, quae excedit proportionem facultatis humanae, ideo necessarium fuit ut, supra legem naturalem et humanam, ... dirigetur ad suum finem etiam lege divinitus data. Wir übergehen die drei anderen Gründe, welche daselbst aufgeführt wurden, um die Nothwendigkeit des göttlichen Gesetzes zu beweisen. Vrgl. Ch. Jourdain a. a. O. S. 377 f. u. Werner a. a. O. S. 545 f.

[4]) lib. III, cap. 76.

bener der mit dieser Aufgabe Vertraute ist, so folgt daraus,
dass höher das göttliche Gesetz steht, als das menschliche,
die Kirche als der Staat, der Papst als der König. Darum
müssen alle Könige des christlichen Volks dem Papste
unterthan sein, wie dem Herrn Jesu Christo selber.[5])

§ 36. Nähere Bestimmung der päpstlichen Oberhoheit.

Wie ist aber diese Oberhoheit des Papstes näher zu
bestimmen? Nach Bellarmin's Vorgang (de Summo Pon-
tifice) pflegt man die verschiedenen Theorien über die päpst-
liche Oberherrschaft in zwei Klassen zu unterscheiden, in
die ganz absolutistische Form der sogenannten direkten
Herrschaft, und in die etwas gemässigtere der indirekten
Herrschaft. Die beiden Theorien unterscheiden sich dadurch, dass nach der ersten Form der Papst, als Nachfolger
des Petrus und Stellvertreter Christi, sowohl in religiöser als
in politischer Hinsicht die absolute Herrschaft inne hat, und
dass er, nur die geistliche Gewalt selbst ausübend, die zeitliche
den weltlichen Fürsten überträgt. Danach wird die welt-

---

[5]) Fürstenreg. I, 14: Tanto est regimen sublimius, quanto ad finem
ulteriorem ordinatur. Semper enim invenitur ille, ad quem pertinet ultimus finis, imperare operantibus ea, quae ad finem ultimum ordinantur
. . . . und etwas weiter: cui (Romano Pontifici) omnes reges populi
Christiani oportet esse subditos, sicut ipsi Domino Jesu Christo. Sic
enim ei, ad quem finis ultimi cura pertinet, subdi debent illi, ad quos
pertinet cura antecedentium finium, et ejus imperio dirigi. Er fährt fort,
nach denselben Principien zu erklären, warum im Heidenthum und Juden-
thum die Priester den Königen unterthan waren, und warum das umge-
kehrte Verhältniss im N. Testament eintreten musste: quia gentilium
sacerdotium et totus divinorum cultus erat propter temporalia bona con-
quirenda, quae omnia ordinantur ad multitudinis bonum commune, cujus
regi cura incumbit, convenienter sacerdotes gentilium regibus subdeban-
tur. Sed quia et in veteri lege promittebantur bona terrena, non a
daemonibus, sed a Deo vero, religioso populo exhibenda, ideo et in lege
veteri sacerdotes regibus leguntur fuisse subjecti. Sed in nova lege
est sacerdotium altius, per quod homines traducuntur ad
bona coelestia.

liche Herrschaft von der Machtvollkommenheit des Papstes
abgeleitet, der Papst selbst als der unmittelbare Oberherr
der Fürsten anerkannt, und die weltliche Gewalt als in
allen Stücken ihm unterworfen betrachtet. Nach der
gemässigteren Form dagegen beschränkt sich die Oberherrschaft, welche der Papst jure divino besitzt, eigentlich
nur auf das geistliche Gebiet, die weltliche Herrschaft wird
nicht von der päpstlichen abgeleitet, auch ist sie derselben
nicht in allen Stücken, sondern eigentlich nur in religiösen Dingen unterworfen. Damit ist aber nicht gemeint, dass Beide auf gleichem Fusse stehen; die geistliche
Gewalt steht höher als die weltliche, so wie die Seele höher
als der Körper; sie kann daher unter Umständen, wenn
dies irgendwie der Glaube verlangen würde, mit ihrer
höheren Auctorität auch in die weltlichen Angelegenheiten sich einmischen und Gehorsam von der weltlichen Gewalt verlangen, welchen diese leisten
muss. Belarmin zählte unseren Theologen zu denen, welche
dieser letzteren Theorie huldigen. Ihm folgt Feugueray
(in seiner schon genannten Monographie), und zwar deshalb, weil Thomas erstens die weltliche Herrschaft nicht
von der päpstlichen ableitet, und zweitens weil er jene
eigentlich nur in geistlichen Angelegenheiten der letzteren
zu unterwerfen scheint. Den ersteren Grund betreffend,
finden wir in unseren Quellen nichts dagegen;[1]) für den
zweiten spricht eine Stelle aus der Summa Theologiae,
worin nur die indirekte Einmischung der geistlichen
Gewalt in die weltlichen Angelegenheiten zur Sprache
kommt.[2]) Dagegen haben wir eine andere Stelle, welche
den Papst als die Krone sowohl der geistlichen als der

---

[1]) Die Stelle des Fürstenregiments III, 10: sicut corpus per animam habet esse, virtutem et operationem . . . ita et temporalis juris-
dictio principum per spiritualem Petri et successorum ejus, beweist
nichts dagegen, wegen der Unächtheit dieses Theils.

[2]) 2a 2ae, quaest. 60, art. 6: potestas saecularis subditur spirituali,
sicut corpus animae, ut Gregorius Nazianzenus, dicit orat. 17; et ideo non

weltlichen Macht besitzend, als utriusque potestatis apicem
tenens, bezeichnet.³) Damit scheint uns Thomas nicht den
bescheidenen Gedanken ausdrücken zu wollen, der Papst
habe neben der geistlichen auch weltliche Herrschaft wie
einer der übrigen Fürsten; vielmehr scheint der Sinn seiner
Worte der zu sein: wie in der Person des Papstes, als
geistlichen Herrschers, die geistliche Macht der Kirche
ihre Einheit habe, so finde in der Person desselben, als
geistlichen und weltlichen Herrschers zugleich,
die geistliche und weltliche Macht des Christenthums ihre
Einheit: et hoc illo disponente, qui est sacerdos et rex
in aeternum, rex regum et dominus dominantium.
In dieser Betrachtungsweise, welche den Papst zum Ober-
herrn aller christlichen Machthaber macht, ist die Ableitung
der weltlichen Herrschaft von der päpstlichen Machtvollkommenheit ebensowenig einbegriffen, als Thomas geneigt
ist die Natur von der Gnade, die Vernunft vom Glauben,
die Philosophie von der Theologie abzuleiten, während er
doch andererseits die Vernunft vom Glauben, die Philosophie von der Theologie absolut beherrscht wissen will.
Aus diesen Gründen wollen wir unseren Theologen weder
mit Bellarmin und Feugueray zu den Anhängern der indirekten, noch mit Gosselin⁴) zu denjenigen der direkten
Herrschaft zählen; vielmehr scheint uns seine Ansicht
eine mittlere zu sein, welche dem Papste die oberste,
sowohl geistliche als weltliche Herrschaft über
die ganze Christenheit zuerkennt, ohne jedoch des-

est usurpatum judicium, si spiritualis praelatus se. intromittat de
temporalibus quantum ad ea, in quibus subditur ei saecularis potestas, vel
quae ei a saeculari potestate relinquuntur.
³) Sentent. lib. II, distin. 44; quaest. 2: Potestati spirituali etiam
saecularis potestas conjungitur in Papa, qui utriusque potestatis apicem
tenet, scilicet spiritualis et saecularis, et hoc illo disponente, qui est
sacerdos et rex in aeternum, rex regum et dominus dominantium.
⁴) In seinem (uns nur aus Feugueray's Widerlegung bekannten)
Werke: le pouvoir du Pape au moyen âge.

halb die weltliche Gewalt der christlichen Fürsten
von der päpstlichen Machtvollkommenheit abzuleiten. Uebrigens ist bei Thomas wohl zu unterscheiden
zwischen der Macht des Papstes und derjenigen des Priester-
thums. Der Papst steht ihm in seiner Art einzig da. Die
Vereinigung der doppelten Gewalt findet nur bei ihm statt,
und nur ihm ist die weltliche Macht in allen Stücken unterworfen. Was dagegen das Priesterthum, die Gewalt der
Geistlichkeit im Allgemeinen anbelangt, so passt auf diese
vollständig, was man unter der Theorie der indirekten
Herrschaft zusammenfasst, worauf die Anmerkung 2.
zu beziehen ist.

§ 37. Behandlung abtrünniger und ungläubiger Herrscher.

Wie dem auch sei, Thomas erkennt dem Papste die
Befugniss zu, nicht allein über die religiösen Dinge end-
gültig zu entscheiden, sondern auch über die weltlichen
Machthaber zu urtheilen, und sie nach Umständen auch zu
verurtheilen. Von solchen Fällen weiss die Geschichte des
Mittelalters viel zu erzählen. Für uns aber ist es nicht
ohne Interesse, näher kennen zu lernen, wie der Engel der
Schule die Sache motivirt. Unsere Frage hängt mit dem
Verhältniss der Christen zu der weltlichen Obrigkeit zusammen, ob sie nämlich derselben Gehorsam schuldig sind
oder nicht. Bei der Behandlung der Revolutionsfrage
(§ 16) haben wir gesehen, wie der Gehorsam eines Menschen
überhaupt gegen seinen Oberen eine Regel, der gerecht-
fertigte Ungehorsam eine Ausnahme ist. Von dieser
Regel sind die Christen ebensowenig dispensirt, als durch
die Gnade die Natur aufgehoben wird; im Gegentheil wird
durch den Glauben, welcher Princip und Grund der Gerechtigkeit ist, die Ordnung der Gerechtigkeit mehr befestigt.[1]

---

[1] 2ᵃ 2ᵃᵉ, quaest. 104, art. 6: fides Christi est justitiae principium
et causa .... et ideo per fidem Jesu Christi non tollitur ordo justitiae,
sed magis confirmatur. Vrgl. § 16, Anm. 2.

Aus eben denselben Gründen gelten die dort aufgezählten
allgemeinen Ausnahmen auch für die Christen. Für diese
aber giebt es noch eine besondere Ausnahme, wenn nämlich der Regent von dem Glauben abfällt. Zwar
widerstreitet der Unglaube an sich der Herrschaft nicht,
weil die Herrschaft nach dem menschlichen, dem Völkerrecht, und die Unterscheidung von Gläubigen und
Ungläubigen nach dem göttlichen Rechte bestehe, und
jenes durch dieses nicht aufgehoben werde. Allein er unterscheidet zwischen Ungläubigen, die nie den Glauben angenommen haben, und solchen, welche von dem bereits angenommenen Glauben abfallen. Jene stehen ausser der
Jurisdiction der Kirche, nicht aber diese. Solche Regenten
dürfe und müsse die Kirche bestrafen, und zwar so, dass
sie nicht mehr über gläubige Unterthanen herrschen können;
sonst würde ja der Glaube der grössten Gefahr ausgesetzt
sein. So bald nun die Kirche durch ein Urtheilsspruch an-
kündigt, dass sie einen Regenten wegen Abfalls vom Glauben
excommunicirt hat, werden ebendamit die Unterthanen von
seiner Herrschaft und dem Eide der Treue, durch den sie
gebunden waren, losgelöst.[2]) Man glaube aber nicht, dass
nach Thomas die Kirche gegen ganz ungläubige Herrscher
sich indifferent und passiv verhalten soll. Die Gefahr für

---

[2]) 2ª 2ªᵉ, quaest. 12, art. 2: Infidelitas secundum se ipsam non
repugnat dominio, eo quod dominium introductum est de jure gentium,
quod est jus humanum, distinctio autem fidelium et infidelium est secundum jus divinum, per quod non tollitur jus humanum. Sed aliquis,
per infidelitatem peccans, potest sententialiter jus dominii amittere, sicut etiam quandoque propter alias culpas. Ad Ecclesiam autem non
pertinet, punire infidelitatem in illis, qui nunquam fidem susceperunt
secundum illud Apostoli 1 Cor. 5, 12 . . . . sed infidelitatem illorum,
qui fidem susceperunt, potest sententialiter punire; et convenienter in
hoc puniuntur, quod subditis fidelibus dominari non possint; hoc enim
vergere posset in magnam fidei corruptionem . . . et ideo quam cito
aliquis per sententiam denuntiatur excommunicatus propter apostasiam
a fide, ipso facto ejus subditi sunt absoluti a dominio ejus et juramento
fidelitatis, quo ei tenebantur.

den Glauben ist ja von dieser Seite her ebenso gross, vielleicht viel grösser als von jener Seite. Deshalb, sagt er, könne die Kirche keineswegs erlauben, dass die Ungläubigen dieser Art, vorausgesetzt dass sie noch keine Herrschaft über die Gläubigen haben, zur Herrschaft über diese gelangen, oder irgendwie amtlich über sie gesetzt werden. Falls sie aber bereits Herrscher der Gläubigen sind, so ist zwar diese Herrschaft, als nach dem menschlichen Rechte bestehend, rechtlich, allein die Kirche, welche die Auctorität Gottes besitze, könne von rechtswegen (juste) durch eine Sentenz oder Anordnung ein solches Recht aufheben, weil die Ungläubigen durch Schuld ihres Unglaubens verdienen, die Herrschaft über die Gläubigen zu verlieren, welche in Gottes Söhne verwandelt werden.[3] Darnach wird das menschliche Recht zwar principiell anerkannt, in der Wirklichkeit aber wird seine Geltung, dem höheren göttlichen Rechte der Kirche gegenüber, sehr problematisch. Es ist eine andere Frage, ob die Kirche immer Gebrauch von diesem ihrem Rechte mache oder nicht; sie kann zuweilen mit Berücksichtigung der Um-

---

[3] Ebendas. quaest. 10, art. 10 (wo er auf die Frage: utrum infideles possint habere praelationem seu dominium supra fideles, antwortend sagt): respondeo dicendum, quod circa hoc dupliciter loqui possumus; uno modo de dominio vel praelatione infidelium super fideles de novo instituenda; et hoc nullo modo permitti debet; cederet enim hoc in scandalum et in periculum fidei . . . . Et ideo nullo modo permittit Ecclesia quod infideles acquirant dominium super fideles, vel qualitercumque eis praeficiantur in aliquo officio. Alio modo possumus loqui de dominio vel praelatione jam praeexistenti. Ubi considerandum est, quod dominium et praelatio introducta sunt ex jure humano; distinctio autem fidelium et infidelium ex jure divino. Jus autem divinum, quod est ex gratia, non tollit jus humanum, quod est ex naturali ratione. Ideo distinctio fidelium et infidelium secundum se considerata non tollit dominium et praelationem infidelium supra fideles. Potest tamen juste per sententiam vel ordinationem Ecclesiae, auctoritatem Dei habentis, tale jus dominii vel praelationis tolli, quia infideles merito suae infidelitatis mereuntur potestatem amittere super fideles, qui transferuntur in filios Dei.

stände auf ihr Recht verzichten, um etwa Anstoss oder grössere Gefahr zu vermeiden.[4]

§ 38. Behandlung der Ungläubigen.

Wenn wir in den eben auseinandergesetzten Betrachtungen gleichsam eine Rechtfertigung und theoretische Begründung sowohl des Benehmens der Päpste gegen die christlichen Fürsten, als auch der unter ihren Auspicien unternommenen Kreuzzüge gegen die Ungläubigen haben, so sehen wir dasselbe an den nachstehenden Ansichten unseres Theologen über das Verhältniss der Kirche zu den Ungläubigen, Häretikern und Schismatikern. Der Unterschied zwischen Ungläubigen, die nie geglaubt haben, wie die Heiden und Juden, und solchen, welche von dem einmal angenommenen Glauben (als Abtrünnige, Haeretiker, Schismatiker) abfallen, wird auch hier beibehalten. Jene sind auf keine Weise weder als Erwachsene noch als Kinder[1] zum Glauben zu zwingen, welcher ja eine Sache des Willens ist. Die Kriege, die man gegen solche unternimmt, haben den einzigen Zweck, sie dazu zu nöthigen, dass sie den Glauben Christi nicht hindern, sei es durch Lästerungen oder durch üble Zureden, oder auch durch offenbare Verfolgungen.[2] Damit ist aber noch nicht gesagt, dass man in einem christlichen Lande den Cultus der Ungläubigen

[4] Ebendas.: Sed hoc quidem Ecclesia quandoque facit, quandoque autem non facit . . . . ad scandalum vitandum. Vrgl. ebendas. quaest. 104, art. 6. In quaest. 12, art. 2 wird aus ähnlichem Grunde erklärt, warum die Kirche gegen Julian passiv sich benommen hat: illo tempore Ecclesia in sua novitate nondum habebat potestatem terrenos principes compescendi, et ideo toleravit fideles Juliano Apostatae oboedire in his, quae nondum erant contra fidem, ut majus periculum fidei vitaretur.

[1] Entschieden tritt Thomas auf gegen die gewaltsame Taufe von Kindern der Juden und anderer Ungläubigen, 2a 2ae, quaest. 10, art. 12. vrgl. auch Pars tertia, quaest. 68, art. 10.

[2] 2a 2ae, quaest. 10, art. 8: Infidelium quidam sunt, qui nunquam susceperunt fidem, sicut gentiles et Judaei; et tales nullo modo sunt ad fidem compellendi, ut ipsi credant, quia credere voluntatis est.

zu dulden oder mit ihnen ohne weiteres zu verkehren habe. Nur diejenigen Religionsgebräuche sind nach Thomas zu dulden, welche für die Gläubigen etwas nützliches oder wahres enthalten, wie die der Juden, welche als Vorbilder und Typen des christlichen Glaubens Zeugniss dafür ablegen. Die Gebräuche dagegen anderer Ungläubigen, die keine Wahrheit enthalten oder keinen Nutzen bringen, sind keineswegs zu dulden, ausser wenn man Anstoss oder Uneinigkeiten vermeiden, die daraus entstehen könnten, oder auch durch Intoleranz die Bekehrung derselben nicht erschweren und verhindern, sondern sie vielmehr mit Milde gewinnen will.[3]) Im Princip nämlich erkennt Thomas keine Duldung der Andersgläubigen an; nur aus Nützlichkeitsrücksichten findet er unter Umständen rathsam, dass man in der Praxis etwas milder verfahre. Was dagegen den Verkehr der Gläubigen mit den in Rede stehenden Ungläubigen betrifft, so hat zwar Thomas principiell nichts dagegen, allein ähnliche Rücksichten sind für ihn auch hier massgebend. Er entscheidet die Frage nach dem geistigen Zustande der in Betracht kommenden Gläubigen, oder auch

Sunt tamen compellendi a fidelibus, si adsit facultas, ut fidem non impediant, vel blasphemiis vel malis persuasionibus, vel etiam apertis persecutionibus. Et propter hoc fideles Christi frequenter contra infideles bellum movent, non quidem ut eos ad credendum cogant etc.

[3]) Ebendas. art. 11: Quamvis infideles in suis ritibus peccent, tolerari possunt vel propter aliquid bonum, quod ex eis provenit, vel propter aliquod malum, quod vitatur. Ex hoc autem, quod Judaei ritus suos observant, in quibus olim praefigurabatur veritas fidei, quam tenemus, hoc bonum provenit, quod testimonium fidei nostrae habemus ab hostibus, et quasi in figura nobis repraesentatur quod credimus. Et ideo in suis ritibus tolerantur. Aliorum vero infidelium ritus, qui nihil veritatis aut utilitatis afferunt, non sunt aliqualiter tolerandi, nisi forte ad aliquod malum vitandum, sc. ad vitandum scandalum vel dissidium, quod ex hoc posset provenire, vel impedimentum salutis eorum, qui paulatim sic tole-rati convertuntur ad fidem. Propter hoc enim etiam haereticorum et paganorum ritus aliquando ecclesia toleravit, quando erat magna infidelium multitudo.

nach anderweitigen Umständen. Sind nämlich die Gläubigen stark genug im Glauben, so dass man aus ihrem
Verkehr mit Ungläubigen eher die Bekehrung dieser, als
die Verführung jener erwarten kann, so dürfen solche
Christen mit Ungläubigen verkehren, insbesondere wenn
dies unumgänglich ist; sind sie dagegen einfältig und
schwach im Glauben, so dass ihre Verführung mit Wahrscheinlichkeit zu befürchten ist, so muss solchen jeder Verkehr mit jenen möglichst streng verboten sein. [4])

§ 39. Behandlung Abtrünniger, Schismatiker und Haeretiker

Noch schlimmer steht es mit den anderen Ungläubigen, die von dem einmal angenommenen Glauben abfallen; der Widerstand gegen den schon angenommenen
Glauben sei eine viel ärgere Sünde, als der Widerstand
gegen den nie angenommenen. [1]) Solche Abtrünnige müssen
auf jede Weise sowohl durch geistliche als durch körperliche Strafen gezwungen werden, das zu halten und zu er-

---

[4]) Ebendas. art. 9: Communio alicujus personae interdicitur fidelibus dupliciter: uno modo in poenam illius, cui communio fidelium subtrahitur; alio modo ad cautelam eorum, quibus interdicitur ne aliis
communicent .... Primo ergo modo non interdicit Ecclesia fidelibus
communionem infidelium, qui nullo modo fidem christianam receperunt.
sc. paganorum vel Judaeorum .... Sed quandum ad secundum modum, videtur
esse distinguendum secundum diversas conditiones personarum et negotiorum
et temporum. Si enim aliqui fuerint firmi in fide, ita quod ex communione
eorum cum infidelibus conversio infidelium magis sperari possit, quam
fidelium a fide aversio, non sunt prohibendi infidelibus communicare, qui
fidem non susceperunt .... et maxime si necessitas urgeat. Si autem
sint simplices et infirmi in fide, de quorum subversione probabiliter
timere possit, prohibendi sunt ab infidelium communione, et praecipue
ne magnam familiaritatem cum eis habeant, vel absque necessitate cum
eis communicent.

[1]) Ebendas. art. 6: Gravius contra fidem peccat qui fidei renititur susceptae, quam qui renititur fidei nondum susceptae, sicut gravius
peccat qui non implet quod promisit, quam si non impleat quod nunquam
promisit.

füllen, was sie einmal angenommen und versprochen haben.
Versprechen steht frei, erfüllen aber ist nicht zwanglos.[2])
Sie werden daher von der Gemeinschaft der Gläubigen ausgeschlossen, und jeder Verkehr mit ihnen ist den letzteren streng
untersagt.[3]) Damit ist es doch nicht genug; sie müssen auch
körperlich gestraft und gezüchtigt werden. Bei den Schismatikern scheint dies nicht gleichbedeutend mit der Todesstrafe zu sein,[4]) wohl aber bei den Haeretikern. Und die
Sache wird etwa so begründet: An sich betrachtet sei die
Sünde der Haeretikers eine solche, durch welche er verdiene,
nicht bloss durch Excommunication von der Kirche getrennt,
sondern auch durch den Tod von der Welt ausgeschlossen
zu werden, da es viel ärger sei, den Glauben zu verderben,
wodurch das Leben der Seele bestehe, als Geld zu fälschen,
womit man dem zeitlichen Leben zu Hülfe komme. Wenn
aber Münzfälschung oder andere Uebelthat mit dem Tode
bestraft werde, so könne man die Haeresie mit viel grösserem
Recht nicht bloss durch die Excommunication, sondern
auch mit Tode bestrafen. Allein die Kirche, welche mit-
leidsvoll auf die Bekehrung der Irrenden warte, verdamme

---

[2]) Ebendas. art. 8: Sicut vovere est voluntatis, reddere autem
necessitatis, ita accipere fidem est voluntatis, sed tenere eam acceptam
est necessitatis. Et ideo haeretici sunt compellendi, ut fidem teneant.

[3]) Ebendas. art. 9: wo nach Einandersetzung, dass den Gläubigen der
Verkehr mit Andersgläubigen untersagt werden könne, als Strafe für
diese oder als Sicherheitsmassregel für jene, und dass der erste Fall
nicht anwendbar auf solche sei, welche nie geglaubt haben (vrgl. vorig. §
Anm. 4) folgt: sed isto modo, scilicet in poenam, interdicit Ecclesia
fidelibus communionem illorum infidelium, qui a fide suscepta deviant,
vel corrumpendo fidem, vel etiam totaliter a fide recedendo, sicut apostatae; in utrosque enim horum excommunicationis sententiam profert
Ecclesia.

[4]) Ebendas. quaest. 39, art. 4: Schismaticus .... in duobus peccat:
in uno quidem, quia separat se a communione membrorum Ecclesiae;
et quantum ad hoc, conveniens poena schismaticorum est, ut excommu-
nicentur; in alio vero, quia subdi recusant capiti Ecclesiae; et ideo,
quia coerceri nolunt per spiritualem potestatem Ecclesiae, justum est ut
potestate temporali coerceantur.

sie nicht sogleich, sondern nur, wenn sie nach ein- bis zweimaliger vergeblicher Ermahnung überzeugt ist, dass sie es mit hoffnungslos Verlorenen zu thun habe, und dass ihr nichts übrig bleibe, als die Gesunden vor der Pest zu schützen; so werde sie in die Nothwendigkeit versetzt, den Unverbesserlichen durch die Excommunication von der Gemeinschaft der Gläubigen zu trennen und weiter ihn dem weltlichen Gericht zu überlassen, um denselben durch den Tod aus der Welt wegzuschaffen.[5]) Auch die von der Haeresie zur Kirche Zurückkehrenden haben kein leichtes Spiel; sie werden nicht ohne weiteres aufgenommen. Die Kirche, sagt er, dehnt ihre Liebe auf Alle aus, und sucht das Wohl Aller. Es ist aber zu unterscheiden zwischen dem geistlichen Wohl, dem Wohl der Seele, welches die Kirche hauptsächlich im Auge hat, und dem zeitlichen Wohl, dem leiblichen Leben u. s. f., wofür sie in zweiter Linie sorgt. Die zurückkehrenden Haeretiker werden daher, so oft sie auch vom Glauben abgefallen sind, wieder zur Busse aufgenommen, womit sie den Weg des ewigen Lebens erkaufen. Anders verhält es sich mit dem zeitlichen Wohl. Würden die zurückkommenden Haeretiker von der Kirche immer so aufgenommen, dass sie Leben und Gut beibehielten, so würde dies, als ein ungeahndet

---

[5]) Ebendas. quaest. 11, art. 3: Circa haereticos duo sunt consideranda : unum quidem ex parte ipsorum, aliud vero ex parte Ecclesiae. Ex parte quidem ipsorum est peccatum, per quod meruerunt, non solum ab Ecclesia per excommunicationem separari, sed etiam per mortem a mundo excludi. Multo enim gravius est corrumpere fidem, per quam est animae vita, quam falsare pecuniam, per quam temporali vitae subvenitur. Unde si falsarii pecuniae vel alii malefactores statim per saeculares principes justae morti traduntur, multo magis haeretici . . ., possunt non solum excummunicari, sed et juste occidi. Ex parte autem Ecclesiae est misericordia ad errantium conversionem, et ideo non statim condemnat, sed post primam et secundam correptionem, ut Apostolus docet. Postmodum vero, si adhuc pertinax inveniatur, Ecclesia, de ejus conversione non sperans, aliorum saluti providet, eum ab Ecclesia separando per excommunicationis sententiam, et ulterius relinquit eum judicio saeculari a mundo exterminandum per mortem.

bleibendes schlechtes Beispiel, das Heil der Anderen benachtheiligen können. Darum nehme die Kirche das erste
Mal die Zurückkehrenden nicht allein zur Busse
auf, sondern erhalte sie auch am Leben und setze
sie zuweilen durch Dispensation in die kirchlichen
Würden wieder ein, die sie früher hatten. Wenn
sie aber nach der Aufnahme wieder zurückfallen, so sei
dies ein Zeichen ihrer Unbeständigkeit, und deshalb nehme
die Kirche die ferner Zurückkommenden zwar zur Busse
auf, allein aus Rücksicht auf das Heil der Anderen befreie
sie dieselben vom Todesurtheile nicht.[6]

§ 40. Rückblick auf die thomistische Staatslehre.

Wie leicht erinnert diese ganze Betrachtungsweise
an gleichlautende engherzige Grundsätze des alten Judenthums! Wie unwillkürlich geräth man in Versuchung, an
solchen Principien nichts anderes als Aeusserungen blut-

---

[6] Ebendas. art. 4: Ecclesia .... charitatem suam extendit ad
omnes, non solum amicos verum etiam inimicos .... Pertinet autem ad
charitatem, ut aliquis bonum proximi et velit et operetur. Est autem
duplex bonum, unum quidem spirituale, scilicet salus animae, quod principaliter respicit charitas .... Unde quantum ad hoc, haeretici revertentes, quotienscumque relapsi fuerint, ab Ecclesia recipiuntur ad poenitentiam, per quam impenditur eis via salutis. Aliud autem est
bonum, quod secundario respicit charitas, sc. bonum temporale, sicut est
vita corporalis, possessio mundana et bona fama et dignitas ecclesiastica sive saecularis .... Si autem haeretici revertentes semper reciperentur, ut conserventur in vita et aliis temporalibus bonis, posset in
praejudicium salutis aliorum hoc esse, tum quia si relaberentur, alios inficerent, tum etiam quia si sine poena evaderent, alii securius in haeresim
laberentur .... Et ideo Ecclesia primo quidem revertentes ab haeresi
non solum recipit ad poenitentiam, sed etiam conservat eos in vita, et
interdum restituit eos dispensative ad ecclesiasticas dignitates, quas
prius habebant .... Et hoc pro bono pacis frequenter legitur esse
factum. Sed quando recepti iterum relabuntur, videtur esse signum inconstantiae eorum circa fidem. Et ideo ulterius revertentes recipiuntur quidem ad poenitentiam, non tamen ut liberentur a sententia
mortis.

dürstiger Menschen zu sehen! Waren die Menschen damals so unmenschlich, dass die einen faktisch, die Anderen schriftlich das Todesurtheil leichthin auf ihre Mitmenschen aussprachen und zwar im Namen der Religion der Liebe, aus dem einzigen Grunde, weil sie nicht denselben Glauben, dieselbe Ueberzeugung hatten? Hat sich seitdem die Menschennatur so viel verändert, dass es uns heute schaudert, wenn wir auch nur daran denken? Aber wir brauchen nicht so weit in die Vergangenheit zurückzublicken. Kaum sind zwei Jahrhunderte verstrichen, seitdem Europa aufgehört hat, der Schauplatz von Vertilgungskriegen, den sogenannten Religionskriegen, zu sein. Noch vor kurzem hing im christlichen Europa die staatliche Berechtigung eines Jeden von seiner Religion oder Confession ab, und dies nicht allein von katholischer Seite und bei katholischen Völkern, sondern auch von protestantischer Seite und in protestantischen Ländern. Man pflegt die ganze Schuld entweder auf die Religion selbst, oder auf irgend eine Klasse oder ein System zu schieben, als ob die Religion etwas ausserhalb des Menschen in abstracto bestehendes und von ihm ganz unabhängiges wäre, als ob die ein System oder eine Klasse bildenden keine Menschenkinder, von mehr oder weniger ähnlichem Schlage mit der sie erzeugenden und umgebenden Generation und Gesellschaft wären, als ob Religion und religiöse Systeme irgend einen Einfluss auf die Menschen üben, irgend einen Anklang bei ihnen finden könnten, wenn die menschliche Natur einerseits, und der unabwendbare Drang der geschichtlichen Verhältnisse andererseit die Menschen für solche Einflüsse nicht vorbereitet und empfänglich gemacht hätten. Wenn man die Schuld an den unerquicklichen historischen Erscheinungen auf Etwas schieben und dabei gerecht sein will, so ist eigentlich nicht diese und jene Idee, dieses und jenes System zu beschuldigen, sondern die Menschennatur selbst, die menschliche Schwäche, wenn man will, die Selbstliebe. Damit meinen wir keineswegs jenen grassen, Alles auf Hintergedanken berechnenden Egois-

mus dieses oder jenes Menschen, dieser oder jener Kaste,
sondern die in der Menschennatur wurzelnde E i g e n l i e b e,
welche als i c h und w i r, als m e i n und u n s e r, bei Nichts-
würdigen wie bei Edelen, bei Individuen wie bei ganzen Gemeinden und Völkern, nicht allein dann und wann, sondern
immer, nicht bloss in materiellen, mit Profit verbundenen,
sondern auch in ethischen, die höchste Aufopferung er-
heischenden Dingen sich geltend macht. Diese Eigenliebe
ist es, welche die Hauptrolle in dem grossen Drama der
Geschichte spielt. Sie ist und bleibt im Grunde immer
dieselbe; nur ihr Auftreten auf der Weltbühne ist verän-
derlich, nur die Rolle, die sie spielt, ist nicht immer und
überall dieselbe, sondern, wie sie hier und heute eine religiöse ist, so wird sie dort und morgen eine politische, eine
nationale oder ähnliche sein. Die Erscheinung ist verschieden, das Wesen immer das nämliche.

Und wie kann es anders sein? Von Natur lieben wir
uns selbst, und nicht allein uns selbst, sondern auch Alles,
was uns gehört, und als solches gleichsam wie ein T h e i l
von uns selbst erscheint. Alles, was wir lieb haben und
uns ausschliesslich oder gemeinsam mit Anderen gehört,
bildet unser G u t. Wir verstehen darunter nicht bloss
materielle Sachen, sondern überhaupt Alles, was für uns
auf irgend eine Weise von Werth ist. Je mehr uns unsere
realen oder imaginären Güter lieb und werth sind, desto
mehr sind wir darauf eifersüchtig; und dieser Eifer steigt
und zeigt sich besonders dann, wenn unsere Güter irgendwie angegriffen werden. Da bieten wir Alles auf, um den
Angriff zurückzuweisen; und wenn das Angegriffene ein
solches ist, welches uns über alles übrige am Herzen liegt,
dann opfern wir unter Umständen dieses, um jenes zu retten.
Mit welchem Eifer, mit welcher Wuth und Entrüstung ver-
theidigten wir schon in Kinderjahren die angegriffene Ehre
unserer Angehörigen oder auch einer anderen für uns
werthen Person! Und wenn wir uns nicht anders helfen
konnten, so waren unsere blutigen Thränen das Opfer

8*

welches wir unserem Gute darbrachten. Allerdings sind
die meisten von den menschlichen Gütern ganz relativ.
Was der Eine für das höchste Gut hält, hat gewöhnlich
für einen Anderen nicht denselben Werth, für einen Dritten
vielleicht gar keinen. Die Kindheit hat ihre besonderen
Güter, woran sie die grösste Freude findet, die aber nicht
dieselben für die Jugend, wie die der Jugend nicht dieselben für das Mannesalter sind, und dies Alles kann wiederum in verschiedenen Zeiten und verschiedenen Ländern
ganz verschieden sein. Natur und Gemüthsart, Zeit- und
Localverhältnisse, Erziehung und Alter, Alles übt einen
grossen Einfluss darauf aus. Wie den Reisenden nicht immer
der gleiche Horizont umgiebt, wie dem von Süden nach
Norden Wandernden in der Nachtzeit nicht immer derselbe
Sternhimmel über sein Haupt sich ausspannt, sondern,
während die einen Sterne hinter ihm verschwinden, andere
vor ihm aufgehen, so umgiebt auch den Menschen in seiner
Wanderung von der Wiege zum Grabe nicht immer der
nämliche Gesichtskreis, so glühen über ihm in der Nachtzeit des Lebens nicht immer die nämlichen Freudensterne,
sondern, während die einen auslöschen, scheinen andere
über ihm. Dass aber unsere Güter ganz relativ und ver-
änderlich sind, dies ändert nichts an der Sache. So lange
sie von Werth für uns sind, so lange spielt unsere Selbstliebe ihre Rolle dabei.

§ 41. Fortsetzung.

So steht es mit ganzen Gesellschaften und Völkern.
Auch sie legen ihrem Charakter, ihren Zeit- und Localverhältnissen, ihrem Alter nach besonderen Werth auf besondere Güter, wie dies insbesondere von der Religion gilt.
Unter Religion verstehen wir zunächst den Glaubens-
inhalt, das Object des Glaubens, der Hingebung, der
Liebe, sogar auch der Furcht. Es ist wohl möglich, dass
der Gegenstand des Glaubens nur imaginär ist, dass die
den Glaubenden dazu bestimmenden Gründe ganz nichtig

und lächerlich sind; allein dies Alles hat mit der Sache
selbst nichts zu thun, weil für den Glaubenden Alles objectiv, Alles wirklich und wahr ist, was er glaubt. So lange
man jedem Zweifel überhoben ist und die feste Ueberzeugung hat, dass die Menschen unter der Herrschaft einer
höheren Macht stehen und dass diese Machtnicht ohne Einfluss
auf das Schicksal der Menschen ist, so lange wird man,
auch wenn der ganze Glaubenskreis sich nur darauf be-
schränken würde, jener göttlichen Macht aus Dankbarkeit
oder aus Furcht seine Huldigung darbringen. So nimmt die
Religion auch in dieser einfachsten Form als Glaube und Cultus in der menschlichen Gesellschaft und unter den menschlichen Gütern eine Stelle, und zwar nicht die letzte, ein. So
bald aber als der Glaube und die religiösen Gebräuche in
einer Gesellschaft durch die Gewohnheit oder auf andere Weise
einen festen Typus, eine bestimmte Anordnung angenommen
haben, wird nicht allein die absolute Negation des Glaubens, sondern auch jede Erneuerung in Religionssachen als
ein Angriff gegen die bestehende, mit dem ganzen Leben
mehrfach verflochtene, allgemein anerkannte Religion betrachtet und demgemäss behandelt, ähnlich wie jede nicht
allgemein gewünschte Erneuerung in politischen oder gesellschaftlichen Dingen als ein Angriff gegen die bestehende
Ordnung angesehen und verfolgt wird. Wenn also Jemand
von einer Gesellschaft wegen Religionsangelegenheiten verfolgt wird, so ist hier die Religion nur der Name eines
Gutes, wie die politischen Einrichtungen der Gesellschaft
der Name eines anderen Gutes ist, auf welche dieselbe
eifersüchtig ist, und welche sie gegen jeden Angriff zu vertheidigen sucht. Der Eifer und die Strenge, welche die
Gesellschaft bei der Zurückweisung jedes Angriffs gegen
ihre Religion zu Tage legt, hängt davon ab, wie hoch sie
das Gut der Religion schätzt und das Verhältniss der Gottheit zu Menschen auffasst, und dieses wiederum hängt mit
dem Charakter des Volkes oder auch mit anderen Umständen
aufs engste zusammen. Wenn aber andererseits die mit

der bestehenden Religion Unzufriedenen und nach ihrer
Ersetzung oder Umgestaltung Strebenden allmählich an
Zahl zunehmen und mit der Zeit einen ziemlich starken
Theil der Gesellschaft bilden, so dass die ganze Gesellschaft
in zwei gegen einander feindlich gesinnte Parteien sich
spaltet, dann bietet sich für die Entfesselung der Leidenschaften, für blutige Reibungen und Zusammenstösse, für
mörderische Religionskriege ein weiter Spielraum dar, auf
ganz analoge Weise, wie innerliche Uneinigkeiten und politische Spaltungen Anlass zu Bürgerkriegen geben. Kommt
es aber einmal zum Kriege, so hat zuerst die Gewalt das
Wort. Wenn die eine Partei stärker ist, so unterliegt natürlich die andere; sind dagegen die Parteien einander gewachsen, so dass sich der Krieg in die Länge zieht, dann
werden sie, durch die Verwüstungen und Drangsale des
Krieges ermüdet, zu gegenseitigen Zugeständnissen, zu einem
modus vivendi geneigt. So macht man aus der Noth eine
Tugend, aber eine um so werthvollere Tugend, weil einerseits die Andersgläubigen sich inzwischen bequemen und
allmählich gewöhnen, friedlich mit einander zu leben, und
andererseits die Erfahrung belehrt, dass die Religion zu
denjenigen geistlichen Gütern des Menschen gehört, welche
man nur durch geistliche Waffen angreifen und vertheidigen kann, und dass bei aller Religionsverschiedenheit ein
friedliches Zusammenleben keine unmögliche Sache ist. Dass
dabei auch die fortschreitende Aufklärung, die daran mehr
oder weniger sich anschliessende Neigung zur Gleichgül-
tigkeit, zum Zweifel oder auch zum Unglauben keine geringe
Rolle spielt, ist kaum zu erwähnen. Auch die Frömmig-
keit giebt ihren Beitrag dazu, nur nicht aus denselben
Gründen, indem sie nämlich, des wahren Geistes der Religion sich bewusst, das religiöse Leben, als ein ausschliesslich innerliches, geistiges Gut, von jedem äusseren Treiben
zu befreien und auf das innere Gebiet des Geistes zu be-
schränken sucht.

§ 42. **Fortsetzung.**

Unsere Zeit darf sich wohl beglückwünschen, dass einer der grössten Prozesse der Weltgeschichte, welcher so viele Opfer für fühere Zeiten kostete, jetzt ein so befriedigendes Ende nahm, dass eine von den Quellen der vulkanischen Ausbrüche, die von Zeit zu Zeit Feuer und Verwüstung über die Menschheit ausspeien, nunmehr nach menschlicher Berechnung als erloschen, wenigstens in unserem Welttheile, betrachtet werden kann. Allein dieses Glück unserer Zeiten soll uns weder berauschen noch zu scharfen und geringschätzigen Urtheilen über die früheren Zeiten verleiten. Wenn den Sterblichen nicht vergönnt ist, irgend etwas Vollkommenes ohne Kämpfen und Ringen zu erreichen, so ist dieses Gut nicht als ein Verdienst unserer Zeit allein zu betrachten, sondern als ein Produkt des langjährigen Procezzes, welchen frühere Zeiten durchmachen mussten. Wenn wir unsere Zustände, unsere Principien und Gesinnungen zum Massstabe für die Beurtheilung jener Zeiten nehmen wollen, so werden wir gerade so handeln, als wenn ein im Mannesalter Stehender ein Kind oder einen Jüngling tadeln würde, weil sie nicht dieselben Gefühle und dieselben Gedanken haben, wie er selbst. Wenn in früheren Zeiten die Menschen wegen der Religion einander kaltblütig todschlugen, so ist dies nur ein besonderer Fall der allgemeinen Regel, wonach die Menschen immer und überall, sei es als Individuen oder als ganze Gemeinden und Völker, ihre Güter gegen jeden Angriff vertheidigen, so lange sie das Angegriffene für ein Gut halten, und so lange sie glauben, dass es angegriffen wird. Wir haben bereits (am Schluss des vorigen §) auf den Fehler hingewiesen, welcher den Religions-Verfolgungen und Kriegen zu Grunde liegt (wir lassen ausser Acht die rein politischen Motive, welche oft in den Mantel der Religion sich hüllen), und welcher allein zu tadeln, oder richtiger zu bedauern ist, nämlich die Verkennung des wahren Geistes und der wahren Bestimmung der Religion. Diesen Fehler hat man von jeher nicht allein vor und ausserhalb, sondern auch innerhalb des Christenthums, wir meinen innerhalb der Kirche begangen, weil die Lehre Christi und der Apostel, sowie die Kirche der ersten Jahrhunderte in dieser Hinsicht nichts zu wünschen übrig lässt. Aber warum wurde diese Lehre später in der Kirche missverstanden? Hat man sie mit Wissen und Willen missverstanden, um etwa die Masse der Gläubigen zu betrügen, um sie zu eigennützigen Zwecken auszunützen? Es gehört die ganze Stärke des Vorurtheils dazu, um ähnliche Fragen mit allem Ernste zu bejahen. Die Auffassung des Christenthums, wie es damals von der Kirche aufgefasst wurde, war nach dem damaligen geistigen und socialen Zustande der zum Christenthum sich bekennenden Völker die allein mögliche. Wäre dies nicht der Fall gewesen, so würde sie weder zur Herrschaft gelangt sein, noch so lange dauern können.

§ 43. Fortsetzung.

Wir verbreiten uns über dieses Thema, weil wir mit der Betrachtungsweise derjenigen nicht einverstanden sind, welche das Grosse wie das Kleine, das Allgemeine wie das Einzelne, das Nothwendige wie das Zufällige, die Regel wie die Ausnahmen, Alles was sie in der Geschichte lesen, in einen Topf werfen, und bei der Beurtheilung von all diesem keinen anderen Masstab anlegen, als die eigenen Ansichten, oder grossmüthigerweise die Zustände ihrer eigenen Zeit. Ihnen zufolge walten in der Geschichte keine allgemeinen, von der Menschennatur, vom Volkscharakter, von Zeitverhältnissen bestimmten Gesetze. Ihnen scheinen die grossen geschichtlichen Erscheinungen keine nothwendigen zu sein. Sie schreiben Alles einer Idee, oder einem Systeme, den einzelnen Menschen oder einer Klasse zu; das Erhabene und Lobenswerthe ist nur das Verdienst einer glücklichen Idee, eines glücklichen Systems, einiger glücklicher Menschenkinder, das Schlechte dagegen und Tadelnswerthe rührt von einigen unglücklichen Ideen oder Systemen

von einigen ruchlosen Menschen her. In diesem Tone wird
insbesondere das Mittelalter beurtheilt. Da ist Alles Lug
und Trug, da ist Alles Willkür und Missbrauch, und um
zu unserer Frage zurückzukommen, da ist an den Verfolgungen der Haeretiker, an den Kreuzzügen u. s. f. nur die
leitende Kirche mit ihren Organen schuld. Dass man von
dieser Seite viele Missbräuche aufzuzeichnen hat, dies steht
über allem Zweifel. Allein das Schicksal des Missbrauchs
in den menschlichen Dingen ist das gleiche, wie das der
Missgeburt in der Natur. Missgeburt ist nicht, was an und
für sich hässlich erscheint, sondern was in seiner Art und
in seiner Epoche eine aussergewöhnliche anormale Erscheinung bildet, welche, von Seiten der Natur keine günstigen
Bedingungen für ihre Fortexistenz und Fortpflanzung fin-
dend, nicht lange leben kann. So kann auch von Miss-
bräuchen nur da und so lange die Rede sein, wo und so
lange solche Fälle als anormale, als Zerrbild der bestehenden
normalen Zustände angesehen werden, in welchem Falle
sie nicht lebensfähig sein können, weil sie eher Verfolgung,
als Nahrung und Unterstützung von Seiten der Gesellschaft
finden. Verhielt es sich aber damals so mit den Religions-
Verfolgungen und -Kriegen? Galt nicht bis vor kurzem
immer und überall aus ganz erklärlichen Gründen die Intoleranz als Regel und normaler Zustand, und die Toleranz
als Ausnahme?[1]) Nicht die Religion an und für sich, nicht
diese oder jene Klasse von Menschen, sondern die Menschheit selbst bringt solche allgemeine Erscheinungen hervor;
sie gehören zu den Entwickelungsprocessen der Menschheit.
Es ist wahr, dass die einzelnen Menschen oder Systeme

---

*[1]) Nur formell ist richtig, was Schömann (griech. Alterth. 2. Bd.
S. 161 f. 3. Aufl.), Athen von dem Vorwurf der Intoleranz freisprechend,
sagt: „Gewissenzwang wurde nicht versucht, keinem wurde ein Glaubens-
bekenntniss aufgenöthigt, keiner zur Rechenschaft darüber gezogen, ob
er diese oder jene Vorstellung von den göttlichen Dingen hege, die
Tempel fleissig oder unfleissig besuche, oft oder selten bete und opfere“.
In diesem Sinne gab es allerdings keinen Gewissenszwang in Athen,

zwar nicht auf die Entstehung, wohl aber auf den Lauf
solcher Erscheinungen einen Einfluss haben können, ebenso
wie ein Pädagoge zwar nicht die Natur seines Zöglings,
wohl aber die Entwickelung derselben beeinflussen kann.
Eine solche Erziehung und Lenkung des Zeitgeistes war
allerdings die Aufgabe der Kirche, und sie hat diese ihre
Pflicht sehr schlecht, sehr unpädagogisch erfüllt. Allein
ein Pädagoge steht im Mannesalter, während sein Zögling
ein Kind ist. Die zur Erziehung der christlichen Völker
Berufenen aber waren fast ebenso Kinder, wie ihre Zöglinge;
sie konnten auch nicht viel verschieden von der sie erzeugenden Generation und Gesellschaft sein; der Apfel fällt
ja nicht weit vom Stamme. Kinder erzogen damals die
Kinder, und das ist der Grund, warum die Erzieher ihre
Pflicht nicht besser erfüllen konnten.

§ 44. Fortsetznng.

Was die andere Erscheinung, die Herrschaft der Kirche
über den Staat und die Oberherrlichkeit des Papstthums
über beide anbelangt, so lässt sich auch diese Erscheinung
nicht anders erklären. Die Meinung, dass die Kirche höher
stehe als der Staat, hängt mit der Art und Weise zusammen,
wie man erstens das religiöse Leben hochschätzt, und
zweitens, wie man sich dasselbe vorstellt. Man kann die
Religion höher schätzen als alles irdische Gut, ohne zugleich der Kirche die oberste Leitung in den menschlichen
Dingen zuzuschreiben. Wer die Religion für ein solches
Gut hält, welches in einem stillen, gottgeweihten und gott-
gefälligen Leben des Geistes besteht, einem solchen Gläubigen hat die Religion mit dem geräuschvollen politischen

---

nicht weil das Princip der Toleranz anerkannt war, sondern, wie
Schömann selbst gleich hinzufügt, „weil es keinen Kanon der Ortho-
doxie gab, weil man sich nicht vermass, etwas Gewisses über die
Götter zu wissen". Die in der macedonischen Zeit herrschende Denk-
freiheit war keine principielle, sondern nur die Folge des allmählich
um sich greifenden Zweifels oder Unglaubens.

Treiben nichts zu schaffen. Er lässt dies bestehen und gehen, wie es will; sein höchstes Gut ist nicht von dieser Welt. Das war der Geist der Lehre Christi und der Apostel in Betreff unserer Frage. Solch ein Glaube, solch eine Disposition des Geistes kann die Menschen lau für das politische Leben, gleichgültig gegen den Staat machen. Und wie kann man es ihnen verargen? Sie schätzen nach ihrer Art dieses Gut höher als jedes andere, gerade so, wie Andere ihrem Charakterzug, ihrer Erziehung, ihrer Denkweise nach das politische Leben über Alles setzen. Die menschlichen Güter sind ja meist relativ; mit welchen zwingenden Beweisen kann man das politische Leben als ein höheres Gut darthun, denn das religiöse? und wenn nicht, mit welchem Recht kann man das seinige dem Anderen aufnöthigen? Man kann aber die Religion auch anders auffassen; man kann sie zwar für das höchste Gut halten, aber nicht als ein ganz innerliches Leben des Geistes betrachten. Wo diese Auffassung die herrschende ist, wie es im Mittelalter oder auch etwas früher der Fall war, da hat man schon die historischen Praemissen der in Rede stehenden Erscheinung: den thatsächlichen Schluss wird die Zeit selbst unvermeidlich ziehen, wenn nicht anderweitige Umstände hinderlich sind. Dass in der damaligen Zeit die Religion allgemein als das höchste unter den menschlichen Gütern betrachtet, und dabei das Gewicht mehr auf das äusserliche als auf das innere Leben gelegt wurde, dies gehört zu den grossen geschichtlichen Erscheinungen, die besagtermassen nicht das Product einiger Ideen und einiger Menschen sein können. Aus diesen historischen Praemissen wurde der thatsächliche Schluss im Orient nicht gezogen, weil hier einerseits ein genügend starker, hierarchisch gegliederter, von einem Oberhaupt, dem Kaiser, geleiteter Staatskörper vorhanden war, und andererseits die das religiöse Leben repräsentirende Kirche, wegen ihrer aristocratischen Verfassungsform nicht stark genug war, um solche Ansprüche dem Staate gegenüber geltend zu machen. Trotzdem haben wir auch hier einen Kampf zwischen dem Staate und der Kirche, wir meinen den von Seiten jenes provocirten und unter dem Namen des **B i l d e r s t r e i t s** bekannten, langjährigen Kampf, dessen Ausgang zur Genüge zeigt, wie gross die Macht der von dem Zeitgeiste getragenen Kirche war. Wie dem auch sei, die hier im Wege stehenden Hindernisse waren im Abendlande nicht vorhanden. Die occidentalische Kirche hatte eine monarchische Verfassung, und der so gegliederten, das höchste Gut repräsentirenden geistlichen Gewalt konnte die mit einem untergeordneten Gute betraute, nie stark genug gewesene weltliche Macht weder gewachsen sein, noch als gleichberechtigt betrachtet werden. Dass dabei der Oberherr einer solchen geistlichen Gewalt zugleich der Oberrherr auch der ihr untergeordneten weltlichen Macht ist, dies ergiebt sich von selbst. So war der Boden der römischgermanischen Länder in der damaligen Zeit ganz dazu geeignet, das Gewächs des Papstthums hervorzubringen. Man hat alle seine Kräfte angestrengt, um dasselbe Gewächs auch im Orient zu pflanzen; es hat aber dort nie Wurzeln schlagen können, weil der orientalische Boden nicht günstig dafür war. Auch der Umstand, dass unter den sogenannten **a p o s t o l i s c h e n S i t z e n** von Rom, Korinth, Ephesus, Antiochien, Jerusalem, Alexandrien, nur der Bischof von Rom, der glorreichen Hauptstadt der Welt, zu jener geistlichen und weltlichen Oberherrschaft gelangt ist, beweisst, dass wir es hier nicht mit einer religiösen Idee allein zu thun haben, sondern dass es geschichtliche Ursachen sind, welche die Hauptrolle in ähnlichen Dingen spielen.

§ 45. **Fortsetzung.**

Dies Alles gilt auch von unserem Theologen. Er ist ein Kind, und zwar ein ächtes Kind seiner Zeit. Durch seine Glaubensbrillen sieht er Alles gut und in Ordnung, was in jener Zeit geglaubt wurde und geschah, und zugleich meint er, man könne dasselbe, nur nicht mit der nämlichen Klarheit, auch ohne solche Brillen, mit den blossen Vernunftaugen sehen. Er ist, um uns der von mancher Seite angestellten treffenden Vergleichung der scholastischen Theologie mit dem Ritterthum zu bedienen, gleich einem sehr treuen und ergebenen Ritter, welcher nicht bloss selbst von der Schönheit seiner Dame überzeugt ist, sondern auch den Anderen dieselbe Ueberzeugung zumuthet und mit Waffen abzwingen will. Wir müssen zugeben, dass unter allen Rittern der Theologie, die für die Ehre ihrer geliebten Kirche gekämpft haben, unser Ritter der Held ist, dem der Siegeskranz wohl gebührt. Wenn man solche Sachen, die Herrschaft der Kirche über den Staat, und die Oberherrschaft des Papstthums über beide, das Recht der christlichen Gesellschaft, die Andersgläubigen nicht zu dulden, sondern sie bis zum Tode zu verfolgen, wenn man diese und ähnliche Sachen überhaupt logisch begründen kann, so ist die thomistische Beweisführung die stichhaltigste unter allen, welche von jeher versucht wurden. Die Schwäche dieser Beweisführung ist keine logische. Man muss consequenterweise die Folgen hinnehmen, wenn man die Religion als das höchste Gut des Lebens betrachtet, und zugleich dieselbe so auffasst, wie sie im Mittelalter aufgefasst wurde: wenn man nämlich mit den im vorigen § als historische Praemissen bezeichneten Thatsachen einverstanden ist. Wer aber die Religion nicht so auffasst, wer dieselbe nicht als das höchste Gut des Lebens betrachtet, für den verliert die ganze Beweisführung jede Beweiskraft. Es ist wirklich zu bedauern, dass ein sonst so verdienstvoller Mann, eine von den ehrwürdigsten Gestalten der Christenheit, die wahre Bedeutung der Religion verkennt, und in dieser Hinsicht nicht höher steht als seine Zeit. Allein wenigen Sterblichen ist gegönnt, höher als ihre Zeitgenossen zu stehen und die Zukunft vorwegzunehmen. Uebrigens ist die Liebe blind. Seine Liebe zu seiner Dame war unserem Ritter wie ein Schleier vor den Augen; er hatte keinen Sinn für ihre Mängel.

§ 46. Fortsetzung.

Was endlich die Ansichten Thomas' über den Staat
an und für sich anbelangt, so haben wir es hier, die Abhandlung über die Gesetze und einige einzelne Punkte ausgenommen, worauf wir seiner Zeit hingewiesen haben, im
Grunde genommen mit aristotelischen Gedanken zu thun.
Und dies ist wohl natürlich bei einem Theologen, wie
Thomas, welcher in allen Zweigen des weltlichen Wissens
bei Aristoteles in die Schule gegangen ist. Er bedient sich
aber des aristotelischen Ideenkreises nur äusserlich und fragmentarisch; der Geist des grossen Philosophen ist ihm fremd.
Während nämlich die aristotelische Staatslehre dadurch sich
auszeichnet, dass sie die Theorie mit der Erfahrung, die
philosophische Methode mit der historischen auf eine wun-
derbare Weise verbindet, haben wir in der thomistischen
Staatslehre nur Theorie, nur Philosophie. In seinem politischen Hauptwerke, dem Fürstenregimente, z. B. geht er
von dem Gedanken der Geselligkeit des Menschen aus, leitet
daraus mittelst Syllogismen den Zweck der Gesellschaft
und die Nothwendigkeit eines leitenden Oberhaupts ab, beweist mit Vernunftgründen den Vorzug der Monarchie vor
den anderen Staatsformen u. s. f., ohne die Wirklichkeit
und die Erfahrung besonders zu Rathe zu ziehen; wir
sagen besonders, weil man hier und da auch auf ein Beispiel stösst. Allein dies geschieht nur nebenbei; die Hauptsache bleibt immer die theoretische Begründung und Beweisführung. Auch die wenigen Beispiele, die er anführt,
weisen auf eine einseitige Richtung hin; sie gehören alle
einem schon längst vergangenen Zeitalter, sei es der bibli-
schen, oder der griechischrömischen Geschichte an. Wären
keine christlichen Gedanken und Anschauungen in seinen
politischen Werken enthalten, so würde man kaum glauben,
dass unser Verfasser weit weg von Griechenland und im Mittelalter gelebt hat. So fremd ist ihm die Geschichte der christlichen Völker Europa's, ausser wenn seine christlichen Quellen

etwas darüber berichten.[1) Die Sache lässt sich leicht erklären. Er gab, seiner Natur und seinen Principien entsprechend, dem theoretischen und wissenschaftlichen Leben
den Vorzug vor dem praktischen, er war eigentlich ein
Stubengelehrter. Die Geschichte, diese Lehrmeisterin der
Erfahrung und der praktischen Einsicht, war keine Lieb-
lingsbeschäftigung der damaligen Gelehrten, und unser
Theologe konnte am allerwenigsten eine Ausnahme davon
bilden. Wenn ihm das Herz nicht voll von geschichtlicher
Erfahrung war, so konnte ihm natürlich der Mund nicht
übergehen. Anders verhält es sich mit dem unächten Theile
des Fürstenregiments, wo die geschichtlichen Ereignisse der
christlichen Zeit nicht ganz ausser Acht gelassen werden,
ein Umstand, der dafür spricht, dass dieser Theil dem Thomas nicht zugeschrieben werden darf.

---

¹) Treffend Feugueray (S. 198 seiner schon genannten Monographie):
à peine il dit jamais un mot de la France, qu'il a habitée si long temps,
ni de l'Italie, où il était né, ni d'aucun pays chrétien. Presque jamais
un fait pris dans l'histoire du temps chrétien, presque jamais un nom
chrétien ne vient se placer sous sa plume, Il était évidemment beaucoup
plus familier avec les institutions d'Athènes ou de Sparte, qu'avec celles
de la chrétienté. Quand il s'en appelle à l'expérience, c'est celle des
Grecs qu'il invoque, ou plutôt, c'est celle d'Aristote. Die Schilderung
wäre treuer, wenn Feugueray neben Sparta und Athen auch R o m erwähnt hätte. Anders Baumann (S. 7 f.): „Seine Methode ist nicht ein
abstractes, von der Geschichte und der wirklichen menschlichen Natur
abgewendetes Denken, sondern von den Menschen, wie sie sind, und
ihren Bestrebungen nimmt er seinen Ausgangspunkt, und die Geschichte
zieht er in ihren allgemeinen Ergebnissen fleisig zu Rathe". Dieses Urtheil hängt zusammen mit der starken Benutzung des Commentars zu
Aristoteles' Politik und der daraus sich ergebenden gänzlichen Identificirung
der aristotelischen und der thomistischen Lehre, was keineswegs zu
billigen ist. (Vrgl. unsere Einleitung).

Druck von F. Beck in Kahla.